\書いて覚える/

文部科学省後援

英検®4級 合格ノート

松本恵美子

Matsumoto Emiko

JN013937

高橋書店

はじめに

みなさん，こんにちは。

著者の松本恵美子です。

普段は大学で英語の先生をしています。

みなさんは英語の勉強をするのは得意ですか？

今私が教えている優秀な大学生たちの多くは，中学，高校で英語の勉強を頑張っ

ていました。

彼らと話をしていると「授業で先生が言っている内容はわかったけれども，その予習，

復習のために自分ひとりで勉強をするのは苦手だった」という声をよくききます。

英語の勉強に近道はありません。でも，それぞれが好きだと思えるテキストを使った

り，好きな文房具をそろえたり，自分に合った勉強方法にすることで，勉強が長続

きしやすくなります。

本書は，英検合格を目指す人たちのニーズのうち，「ひとりでも勉強したい」，「好

きなテキストを見つけたい」というリクエストに応えた教材です。みなさんのお悩みを

解決すべく，取り組みやすい形式にしています。

楽しく勉強したいみなさんのための，楽しいイラスト付きの使いやすいノート，それが

本書『英検合格ノート』です。

お気に入りの場所に座って，お気に入りのシャープペンを持って，最初のページを解

いてみてください。ほら，スラスラと書き込めるでしょう。

ページをサクサクめくっていく間に，自然に実力がつくようになっています。

本書を使って，英語がもっと好きになってもらえることを祈っています。

松本恵美子

CONTENTS

＊解答解説は, 別冊にあります。

編集協力	株式会社カルチャー・プロ（中村淳一/佐々木淳）	DTP	株式会社シーアンドシー
イラスト	よしだみさこ	校正	株式会社ぷれす
ブックデザイン	喜來詩織（エントツ）	録音	ユニバ合同会社
		ナレーター	ドミニク・アレン/アン・スレーター/芦澤亜希子

本書の使い方

本番そっくりの問題を解き，マークシートを塗りましょう

黄色い下線がある箇所は，書きこみ欄です。書き込んで，大事なところを覚えましょう

覚えておきたい単語などを自由に書き込んで，自分だけの対策ノートを作りましょう

① 答え合わせ

答え合わせはとても重要です。苦手を発見し，間違えた箇所は解きなおしましょう。

解答解説は別冊になっています。別冊は軽くのり付けされているので，そっと手前に引き抜くと取り外せます。

パッと見て答えがわかるので，答え合わせがラクラク

② 音声

上のマークがあるところは，
音声が収録されています。
音声を聞いて，リスニングと
スピーキングテストを
リアルに練習しましょう。

音声について

下の二次元コードを読み取るか、URLの
専用サイトにアクセスしてください。

［ダウンロードの手順］
①パスワード入力欄に「27588」と入力する。
②「全音声をダウンロードする」をクリックする。

https://www.
takahashishoten.co.jp/
audio-dl/27588.html

※音声データは圧縮されたMP3形式です。再生にはファイル解凍ソフトと音声再生ソフトが必要です。
　お客様のご利用端末の環境により音声のダウンロード・再生ができない場合は，当社は責任を負いかねます。
　ご理解、ご了承いただきますよう、お願いいたします。
※パソコン・スマホ等の操作に関するご質問にはお答えできません。

③ 模擬試験

最後の総仕上げに，模擬試験を解きま
しょう。
模擬試験は，英検本番の形式と同じ
ですから，記載されている制限時間を
守って，本番のつもりで解きましょう。

解答用紙は，別冊の最後のページにあ
ります。切り離して使ってください。

模擬試験

本冊と同じ形式の模擬試験です。
本番の練習になるように、次の3つを守って解きましょう。
① 筆記試験（96～105ページ）は、35分で解く。
② リスニングテスト（106～109ページ）は、音声を止めないで解く。
③ 筆記試験からリスニングテストまで通して解く。
※解答用紙は別冊の最後のページにあります。

1 次の (1) から (15) までの（　）に入れるのに最も適切なものを1, 2, 3,
4の中から一つ選び、その番号のマーク欄をぬりつぶしなさい。

(1) Last night, Jenny ate (　　) at 10:00 p.m. and went to bed at 11:30.
　　1 water　　**2** dinner　　**3** lunch　　**4** breakfast

(2) Yosuke likes playing sports. He is going to (　　) the soccer
　　club in high school.
　　1 ride　　**2** dance　　**3** join　　**4** close

(3) A: How was the (　　) in Sydney yesterday?
　　B: It was hot and sunny.
　　1 food　　**2** store　　**3** horse　　**4** weather

(4) A: Are you (　　), Jill?
　　B: Yes, very. Let's go to that cafeteria.
　　1 pretty　　**2** hungry　　**3** lucky　　**4** easy

(5) A: Who is that woman?
　　B: That's Ms. Williams. She's Bob's (　　).
　　1 uncle　　**2** son　　**3** aunt　　**4** brother

(6) A: Do you have any plans for the winter (　　)?
　　B: I will go skiing.
　　1 vacation　　**2** cloud　　**3** farm　　**4** audience

受験ガイド

初めての「英検」でも安心して受験できるように，
受験の前に知っておきたいことをまとめました。

特徴・メリット

文部科学省が後援

実用英語の力を育てる7つの級を設定。
学習進度やレベルに応じた
学習目標として最適です。

スピーキング測定

スピーキングを含む4技能を測定。
「使える英語」であなたの
コミュニケーションを広げます。

入試優遇・単位認定

「英検」取得者は
多くの高校・大学の入学試験や
単位認定で優遇されています。

「英検」で海外留学

「英検」は，世界各国の教育機関で海外留学時
の語学力証明資格に認定されています。
「英検」資格で，世界へ羽ばたく道が広がります。

4級の出題レベル・試験内容

4級の出題レベルの目安は「中学中級程度」とされています。
4級には，一次試験とスピーキングテストがあります。一次試験は筆記とリスニングです。
スピーキングテストは自宅で受けられるテストです。スピーキングテストの結果は，4級の合否に
は関係ありません。

〈 一次試験の内容 〉

		形式	問題数
筆記 （35分）	大問1	短文の語句空所補充	15
	大問2	会話文の文空所補充	5
	大問3	日本文付き短文の語句整序	5
	大問4	長文の内容一致選択	10
リスニング （約30分）	第1部	会話の応答文選択	10
	第2部	会話の内容一致選択	10
	第3部	文の内容一致選択	10

※すべて選択肢から
答えを選ぶマークシート
方式です。

受験日・受験地

すべての級で，年3回試験が実施されます。第1回は（一次試験 6月／二次試験 7月），
第2回は（一次試験 10月／二次試験 11月），第3回は（一次試験 1月／二次試験 2月）です。
申し込みの締め切りは，一次試験のおよそ1か月前です。全国で試験が実施されているので，
多くの場合，自宅の近くの会場や自分の通う学校で受験できます。

申し込み方法

申し込みには,団体申し込みと個人申し込みの2通りの方法があります。

団体申し込みの場合

学生の場合は,自分が通っている学校で団体申し込みをする場合が多いので,
まずは学校の先生に聞いてみましょう。団体申し込みの場合は,
先生からもらった願書に記入し,先生を通じて願書と検定料を送ります。

個人申し込みの場合

次の3つの方法で,だれでも申し込めます。

● インターネット申し込み

「英検」のウェブサイト(https://www.eiken.or.jp/eiken/)から申し込む。

● コンビニ申し込み

ローソン,ミニストップ,セブン－イレブン,ファミリーマートなどに
設置されている情報端末機から申し込む。

● 特約書店申し込み

願書付「英検」パンフレットを無料配布している特約書店で申し込む。

受験や申し込みに関するお問い合わせは,公益財団法人 日本英語検定協会まで
● 「英検」協会公式ウェブサイト https://www.eiken.or.jp/eiken/
● 「英検」サービスセンター TEL 03-3266-8311(個人受付)

一次試験当日の持ち物／チェック・リスト

□ **一次受験票**

□ **HBの黒鉛筆2・3本,またはシャープペンシル**
　　──マークしやすいものを選ぼう

□ **消しゴム**

□ **腕時計** ──スマートフォン,スマートウォッチ,タイマーつきの時計は,試験中は
使えません。アラームなどの音の出る設定は必ず解除しておこう

□ **スリッパ** ──会場によっては必要なので,受験票に書いてあれば持っていこう

出題形式

ここで, 4級の出題内容を確認しておきましょう。
※試験内容等は変わる場合があります。

筆記　35分, 35問

大問1

短文の語句空所補充〈15問〉

短い文や, 会話文の中の（　　）に適する語句を4つの選択肢の中から選びます。

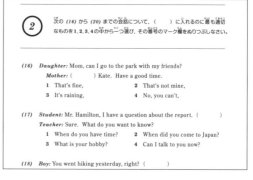

1　次の (1) から (15) までの（　　）に入れるのに最も適切なものを1, 2, 3, 4の中から一つ選び, その番号のマーク欄をぬりつぶしなさい。

(1)　Last night, Jenny ate (　　) at 10:00 p.m. and went to bed at 11:30.
　　1　water　　2　dinner　　3　lunch　　4　breakfast

(2)　Yosuke likes playing sports. He is going to (　　) the soccer club in high school.
　　1　ride　　2　dance　　3　join　　4　close

(3)　A: How was the (　　) in Sydney yesterday?
　　B: It was hot and sunny.
　　1　food　　2　store　　3　horse　　4　weather

大問2

会話文の文空所補充〈5問〉

会話文の中の（　　）に適する文または文の一部を, 4つの選択肢の中から選ぶ問題です。

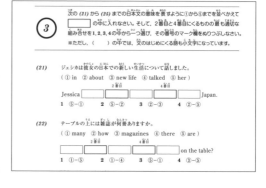

2　次の (16) から (20) までの会話について,（　　）に入れるのに最も適切なものを1, 2, 3, 4の中から一つ選び, その番号のマーク欄をぬりつぶしなさい。

(16)　Daughter: Mom, can I go to the park with my friends?
　　　Mother: (　　) Kate. Have a good time.
　　　1　That's fine,　　　　　　2　That's not mine,
　　　3　It's raining,　　　　　　4　No, you can't,

(17)　Student: Mr. Hamilton, I have a question about the report. (　　)
　　　Teacher: Sure. What do you want to know?
　　　1　When do you have time?　　2　When did you come to Japan?
　　　3　What is your hobby?　　　　4　Can I talk to you now?

(18)　Boy: You went hiking yesterday, right? (　　)

大問3

日本文付き短文の語句整序〈5問〉

日本文を読み, その意味に合うように語句を並べかえます。
並べかえた2番目と4番目の語句を答えます。

3　次の (21) から (25) までの日本文の意味を表すように①から⑤までを並べかえて□□□の中に入れなさい。そして, 2番目と4番目にくるものの最も適切な組み合せを1, 2, 3, 4の中から一つ選び, その番号のマーク欄をぬりつぶしなさい。
※ただし,（　　）の中では, 文のはじめにくる語も小文字になっています。

(21)　ジェシカは彼女の日本での新しい生活について話しました。
　　（① in　② about　③ new life　④ talked　⑤ her ）
　　Jessica □□ [2番目] □□ [4番目] □□ Japan.
　　1　⑤-①　　2　⑤-②　　3　②-③　　4　②-⑤

(22)　テーブルの上には雑誌が何冊ありますか。
　　（① many　② how　③ magazines　④ there　⑤ are ）
　　□□ [2番目] □□ [4番目] □□ on the table?
　　1　①-⑤　　2　①-④　　3　⑤-①　　4　③-⑤

大問4

長文の内容一致選択〈10問〉

長文は, Ａ掲示・案内, ＢEメール, Ｃ説明文の3題が出題されます。長文の内容に関する質問の答えとして, もっとも正しいものを選択肢から選ぶ問題です。

4　　次のちらしの内容に関して, (26) と (27) の質問に対する答えとして最も適切なもの, または文を完成させるのに最も適切なものを1, 2, 3, 4の中から一つ選び, その番号のマーク欄をぬりつぶしなさい。

You Can Make Japanese Food!

Learn Japanese cooking this summer! Amy's Cooking School has special classes this July.

When:　July 1 and July 8　10:00 a.m. to noon
　　　　July 22　11:00 a.m. to 1:00 p.m.
Cost:　$20 for one class (If you join all three classes, you get 10% discount!)
Place:　Amy's Cooking School

第1部

会話の応答文選択〈10問〉

イラストを見ながら対話を聞き, そのあとに続く応答を選択肢から選ぶ問題です。対話と選択肢は印刷されておらず, 二度ずつ放送されます。

第1部

No. 1
TR 14

No. 2
TR 15

第2部

会話の内容一致選択〈10問〉

対話と, その内容に関する質問を聞き, その答えとしてもっとも正しいものを選択肢から選ぶ問題です。対話と質問は印刷されておらず, 選択肢は印刷されています。対話と質問は二度ずつ放送されます。

第2部

TR 25 No. 11
1 She wasn't hungry.
2 She felt sick.
3 She had no time.
4 There was no food.

TR 26 No. 12
1 A TV program.
2 Mountain animals.
3 Their favorite sea food.
4 Their homework.

TR 27 No. 13
1 Looking for a cup.
2 Getting a drink.
3 Making lunch.
4 Buying a present.

TR 28 No. 14
1 Sunny.
2 Cloudy.
3 Rainy.
4 Snowy.

第3部

文の内容一致選択〈10問〉

英文と, その内容に関する質問を聞き, その答えとしてもっとも正しいものを選択肢から選ぶ問題です。英文と質問は印刷されておらず, 選択肢は印刷されています。英文と質問は二度ずつ放送されます。

第3部

TR 36 No. 21
1 Cheese.
2 Drink.
3 A T-shirt.
4 A book.

TR 37 No. 22
1 One.
2 Two.
3 Three.
4 Four.

TR 38 No. 23
1 The woman.
2 The woman's husband.
3 The woman's sister.
4 The woman's brother.

TR 39 No. 24
1 By bus.
2 By car.
3 By bike.
4 On foot.

スピーキングテスト 約4分

表示される問題カードに書かれている英文を音読します。その後, 4つの質問に, 英語で答えます。
詳しい内容はP110に書いてありますので, 参考にしてください。

Taku's Dream

Taku is in the guitar club. He practices the guitar every day at school. On Sunday, he plays the guitar at his friend's house. His dream is to become a good guitar player.

PART 1

よく出る動詞①

かたまりで覚える動詞

動詞だけでは意味が伝わりにくいので，動詞のあとには「目的語（名詞）」が続きます。動詞と目的語をセットにして覚えましょう。

かたまりで覚える動詞

（　　　　　） sandwiches
サンドイッチを食べる

（　　　　　） dishes
皿を洗う

（　　　　　） a room
部屋をそうじする

（　　　　　） a car
車を運転する

（　　　　　） an e-mail
メールを送る

learn （　　　　　）
英語を学ぶ

meet a （　　　　　）
友達と会う

（　　　　　） a dress
ドレスを買う

（　　　　　） videos
動画を見る

時刻を表す言葉

a.m.	午前	p.m.	午後
in the morning	午前中に	in the afternoon	午後に
in the evening	夕方に	at night	夜に

(1) から (5) までの（　）に入れるのに最も適切なものを**1, 2, 3, 4** の中から一つ選びなさい。

(1)　I often (　　) letters to my grandparents.

　　1　buy　　　**2**　wash　　　**3**　send　　　**4**　put　　　①②③④

(2)　The train will (　　) at Tokyo Station before noon.

　　1　arrive　　　**2**　build　　　**3**　show　　　**4**　take　　　①②③④

(3)　A: I have a headache. I think I have a cold.

　　B: Really? You should (　　) a doctor now.

　　1　go　　　**2**　look　　　**3**　hear　　　**4**　see　　　①②③④

(4)　A: What do you usually do in your free time?

　　B: I usually watch TV or (　　) to the radio.

　　1　listen　　　**2**　eat　　　**3**　read　　　**4**　clean　　　①②③④

(5)　Woman: Did you find your car key?

　　Man: Yes, I did. (　　)

　　1　I went there by bus.　　**2**　It was in my bag.

　　3　It is not mine.　　　　　**4**　It rained yesterday.　　　①②③④

(6) の日本文の意味を表すように①から⑤までを並べかえて ☐ の中に入れなさい。
そして，2番目と4番目にくるものの最も適切な組合せを**1, 2, 3, 4** の中から一つ選びなさい。
※ただし，（　）の中では，文のはじめにくる語も小文字になっています。

(6)　テイラー先生は金曜日に私たちに英語を教えます。

　　（① on　② teaches　③ us　④ Fridays　⑤ English）

Mr. Taylor ☐ ☐(2番目) ☐ ☐(4番目) ☐ .

　　1　①−④　　　**2**　②−④　　　**3**　③−①　　　**4**　⑤−①　　　①②③④

よく出る動詞②

考える・伝える

何かを考えて伝えるって，とても頭を使うし，勇気がいるものですよね。
ここでは「情報を受け取る」「考える」「活動して，伝える」動詞をいくつか紹介します。

My単語メモ

□
□
□
□
□
□

情報を受け取る動詞

○ **see**
～を見る，～に会う

(_____) a friend
友達に会う

○ **listen** （注意して）聞く　(_____) to advice　アドバイスを聞く

○ **ask** ～を尋ねる，頼む　ask a question　質問する

考える動詞

○ **love**
～を愛する，～が大好きである

love him
彼が大好き

○ **thank** ～に感謝する　thank him (_____) the information
情報をくれたことを彼に感謝する

○ **feel** ～と感じる　(_____) happy　幸せだと思う

feel sad　悲しいと思う

活動して，伝える動詞

○ **make**
～を作る

make cookies
クッキーを作る

○ **visit** ～を訪問する　(_____)a zoo　動物園を訪れる

○ **enjoy** ～を楽しむ　enjoy watching　見るのを楽しむ

○ **talk** 話す　talk (_____) a movie　映画について話す

(1) から (5) までの（　　）に入れるのに最も適切なものを **1,2,3,4** の中から一つ選びなさい。

(1)　My sister and I (　　　) about our favorite musicians.

　　1　cooked　　**2**　talked　　**3**　stayed　　**4**　played　　①②③④

(2)　My name is Hiroyuki. My friends (　　　) me Hiro.

　　1　call　　**2**　show　　**3**　visit　　**4**　catch　　①②③④

(3)　My dog is big and has brown hair. So he (　　　) like a bear.

　　1　watches　　**2**　brings　　**3**　looks　　**4**　uses　　①②③④

(4)　*A:* We need more volunteers to clean the park.

　　B: Let's (　　　) our classmates for help.

　　1　feel　　**2**　believe　　**3**　drop　　**4**　ask　　①②③④

(5)　　*Boy:* This is my new watch. (　　　)

　　Girl: It's nice. I like it.

　　1　What do you think of it?　　**2**　Why do you think so?

　　3　What did you buy?　　**4**　Where will you go?　　①②③④

(6) の日本文の意味を表すように①から⑤までを並べかえて ☐☐☐☐ の中に入れなさい。
そして，2番目と4番目にくるものの最も適切な組合せを **1,2,3,4** の中から一つ選びなさい。
※ただし，（　　）の中では，文のはじめにくる語も小文字になっています。

(6)　あなたのご両親によろしくお伝えください。

　　（① hello　② parents　③ your　④ to　⑤ say）

	2番目		4番目	
Please ☐	☐	☐	☐	☐ .

　　1　①-③　　**2**　②-⑤　　**3**　③-④　　**4**　⑤-③　　①②③④

PART 3

よく出る名詞①

学校・スポーツ

4級では，友達同士の会話や，学校に関する話題が多く出題されます。

単語を「学校」，「スポーツ」などのグループに分けて覚えましょう。

My 単語メモ

□

□

□

学校

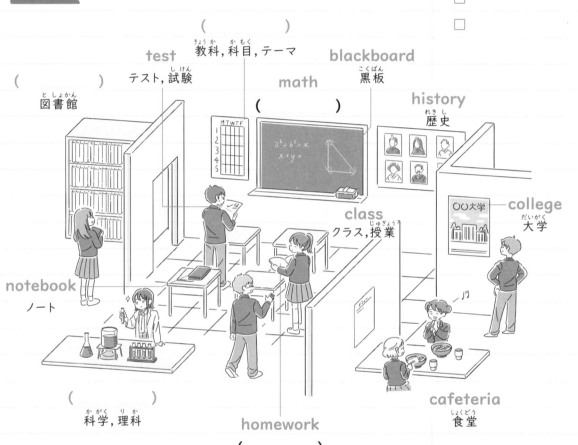

(   )
教科, 科目, テーマ

test
テスト, 試験

blackboard
黒板

math
(   )

history
歴史

(   )
図書館

college
大学

class
クラス, 授業

notebook
ノート

(   )
科学, 理科

homework
(   )

cafeteria
食堂

スポーツ

badminton	バドミントン	basketball	
golf	ゴルフ	ice skating	アイススケート
racket		soccer	サッカー
volleyball	バレーボール	tennis	テニス

(1) から **(5)** までの（　　）に入れるのに最も適切なものを**1,2,3,4**の中から一つ選びなさい。

(1)　We have an English speech（　　　）this fall. I'll practice during summer vacation.

　　　1　notebook　　　**2**　floor　　　**3**　contest　　　**4**　air　　　①②③④

(2)　My（　　　）is to become a professional baseball player in the future.

　　　1　dream　　**2**　question　　**3**　present　　**4**　homework　　①②③④

(3)　A: What subject do you like, Ann?

　　　B: Science. I often go to the（　　　）to borrow science books.

　　　1　hospital　　**2**　library　　**3**　gym　　**4**　station　　①②③④

(4)　A: Do you know（　　　）about our new English teacher?

　　　B: Yes. Her name is Ms. Brown. She's from Canada.

　　　1　she　　**2**　this　　**3**　thing　　**4**　anything　　①②③④

(5)　　Boy: We're going to have a soccer game tomorrow. I want to win.

　　　Girl:（　　　）I'll go to the stadium to see the game.

　　　1　That's too bad.　　**2**　You're welcome.

　　　3　Good luck.　　**4**　Thank you.　　①②③④

(6) の日本文の意味を表すように①から⑤までを並べかえて　□　の中に入れなさい。
そして，2番目と4番目にくるものの最も適切な組合せを**1,2,3,4**の中から一つ選びなさい。
※ただし，（　　）の中では，文のはじめにくる語も小文字になっています。

(6)　あなたはテニス部のメンバーですか。

　　　（① a member　② are　③ of　④ the tennis　⑤ you）

	2番目		4番目	
				|club?

　　　1　①-②　　**2**　②-④　　**3**　④-③　　**4**　⑤-③　　①②③④

17

PART 4

よく出る名詞②
家の中・生活風景

4級によく出る単語を，場所に分けて覚えましょう。ここでは「家の中」と，街全体の「生活風景」に分けています。

My単語メモ

□
□
□
□
□
□

家の中

	浴室,トイレ		寝室
glass	ガラス,コップ		雑誌
oven	オーブン	pet	ペット
shower	シャワー	sofa	ソファー

生活風景

（　　　） 銀行
（　　　） 建物,ビル
（　　　） 飛行機

（　　　） 劇場

apartment アパート

airport 空港,飛行場

post 郵便ポスト

（　　　） 自転車

company 会社,仲間

subway （　　　）

pond 池

beach 浜,海辺

dentist	歯医者,歯科医		医師
scientist	科学者	musician	音楽家
dancer	ダンサー	king	王
writer	作家	waiter	ウェイター
singer	歌手	farmer	農場主

(!) 注意！

see a doctor
（医者に診てもらう）
と言います

(1) から (5) までの（　　）に入れるのに最も適切なものを**1,2,3,4**の中から一つ選びなさい。

(1)　I went to the (　　　) and bought some stamps.

　　1　pond　　**2**　post office　　**3**　restaurant　　**4**　bridge　　①②③④

(2)　I have two (　　　), a son and a daughter.

　　1　grandfather　　　　**2**　family

　　3　children　　　　　　**4**　ground　　①②③④

(3)　I visited Kobe (　　　) the first time, and I liked the city very much.

　　1　for　　　**2**　at　　　**3**　in　　　**4**　by　　①②③④

(4)　A: How long will this flight be?

　　B: The (　　　) thinks it will be about two hours.

　　1　police officer　　**2**　farmer　　**3**　pilot　　**4**　doctor　　①②③④

(5)　Boy: What's the weather like tomorrow?

　　Girl: (　　　)

　　1　It'll be cloudy.　　　　**2**　I like summer.

　　3　Have a nice weekend.　　**4**　It's ten thirty.　　①②③④

(6) の日本文の意味を表すように①から⑤までを並べかえて ☐ の中に入れなさい。
そして，2番目と4番目にくるものの最も適切な組合せを**1,2,3,4**の中から一つ選びなさい。
※ただし，（　　）の中では，文のはじめにくる語も小文字になっています。

(6)　その俳優は世界中で人気があります。

　　(① is　② over　③ popular　④ the actor　⑤ all)

	2番目		4番目		the world.

　　1　①－⑤　　**2**　②－④　　**3**　④－②　　**4**　⑤－③　　①②③④

よく出る名詞③
パソコン・楽しいこと

どんなことをするのが好きですか。ここでは「趣味」などに関する単語を覚えましょう。

My単語メモ

□
□
□
□
□
□

パソコン

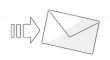
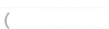

(　　　　　　　)　　e-mail　　(　　　　　　　)

コンピューター　　(　　　　　　　)　　ビデオ

watch　　information

(　　　　　)　(　　　　　)

楽しいこと・趣味

(　　　　　)　painting　(　　　　　　　)

キャンプをすること　絵,絵画,絵を描くこと　楽団,バンド

	ピクニック,遠足	fishing	魚釣り,漁業
Halloween	ハロウィーン	hobby	
	音楽	flute	フルート
trumpet	トランペット	clarinet	クラリネット
drums	ドラム	cooking	料理

(1) から (5) までの（　）に入れるのに最も適切なものを**1, 2, 3, 4**の中から一つ選びなさい。

(1) It was very cold yesterday, so I played a computer（　　　）in my room.

    1 name　　　**2** game　　　**3** culture　　　**4** snack　　　①②③④

(2) I often go（　　　）with my father on weekends.

    1 bath　　　**2** dolphin　　　**3** fishing　　　**4** ground　　　①②③④

(3) *A:* I hear you traveled in the United States alone.

    B: Yes. It wasn't easy, but it was a great（　　　）for me.

    1 experience　　**2** dish　　**3** map　　**4** calendar　　①②③④

(4) *A:* This book was very interesting. Do you know about the writer?

    B: No, I don't. Let's check it（　　　）the internet.

    1 from　　　**2** at　　　**3** on　　　**4** of　　　①②③④

(5) *Girl:* What do you play in the band?

    Boy:（　　　）

    1 I want to play soccer.　　　　**2** I like watching musicals.

    3 Our band has five members.　　**4** I play the drums.　　①②③④

(6) の日本文の意味を表すように①から⑤までを並べかえて ☐ の中に入れなさい。
そして，2番目と4番目にくるものの最も適切な組合せを**1, 2, 3, 4**の中から一つ選びなさい。
※ただし，（　）の中では，文のはじめにくる語も小文字になっています。

(6) アンはギターもバイオリンも弾くことができます。

    （① the guitar　② and　③ can　④ play　⑤ both）

    　　　　　2番目　　　　　　　4番目

    Ann ☐ ☐ ☐ ☐ ☐ the violin.

    1 ①−④　　**2** ③−②　　**3** ④−①　　**4** ④−⑤　　①②③④

PART 6

よく出る熟語①
go, takeを使った熟語

いくつかの語がセットになっているのが熟語です。基本の動詞goとtakeを使った熟語を覚えましょう。

go を使った熟語 goの基本の意味は「行く」です。

go (　　　)
家に帰る

go (　　　) a drive
ドライブに行く

go (　　　) a trip
旅行に行く

go around	回る	go back to ～	～へ戻る

take を使った熟語 takeの基本の意味は「取る」です。

take a (　　　)
写真を撮る

take a (　　　)
風呂に入る

take a (　　　)
散歩をする

take a shower	シャワーを浴びる	take a plane	飛行機に乗る
take a taxi	タクシーに乗る	take a bus	バスに乗る
take off ～	～を脱ぐ	take care of ～	～の世話をする

My単語メモ

□
□
□
□
□
□

(1) から (5) までの （　　） に入れるのに最も適切なものを**1,2,3,4**の中から一つ選びなさい。

(1)　I will go on a （　　　　） to Kyoto this weekend.
　　　1　day　　　**2**　map　　　**3**　trip　　　**4**　street　　　①②③④

(2)　I usually take a walk for an hour （　　　　） the afternoon.
　　　1　on　　　**2**　in　　　**3**　at　　　**4**　to　　　①②③④

(3)　*A:* Please （　　　　） off your coat. It's warm in this room.
　　　B: All right.
　　　1　wear　　　**2**　take　　　**3**　like　　　**4**　stop　　　①②③④

(4)　*A:* Did you see my （　　　　）? I want to take pictures of the
　　　　　flowers.
　　　B: It was on the table this morning.
　　　1　bath　　　**2**　camera　　　**3**　plane　　　**4**　sofa　　　①②③④

(5)　*Salesclerk:* May I help you?
　　　　　Man: Yes. （　　　　） It's a present for my wife. Do
　　　　　　　　　you have a black one?
　　　1　Thank you for your visit.　　　**2**　I'm just looking.
　　　3　I'm looking for a small bag.　　**4**　Where is a supermarket?　　①②③④

(6) の日本文の意味を表すように①から⑤までを並べかえて ☐☐☐☐☐ の中に入れなさい。
そして，2番目と4番目にくるものの最も適切な組合せを**1,2,3,4**の中から一つ選びなさい。
※ただし，（　　） の中では，文のはじめにくる語も小文字になっています。

(6)　ボブは毎日, 犬の世話をします。
　　　（① his dog　② of　③ takes　④ every　⑤ care）

　　　　　　　　　　2番目　　　　　　　　4番目
　　Bob ☐☐☐☐　☐☐☐☐☐☐☐　☐☐☐☐　☐☐☐☐☐☐☐　☐☐☐☐☐ day.
　　　1　①-②　　　**2**　②-⑤　　　**3**　③-④　　　**4**　⑤-①　　　①②③④

23

よく出る熟語②

have, getを使った熟語

いくつかの語がセットになっているのが熟語です。基本の動詞haveと
getを使った熟語を覚えましょう。

My単語メモ
□
□
□
□
□

have を使った熟語　haveの基本の意味は「持つ」です。

have a good (　　　　)
楽しい時を過ごす

have a (　　　　) time
つらい時を過ごす

have a (　　　　)
風邪をひいている

have a good (　　　　)
よい考えがある

get を使った熟語　getの基本の意味は「得る」です。

get (　　　) ~
~から降りる

get (　　　) ~
~の中に入る,
~に乗り込む

get (　　　)
起きる, 立ち上がる

get to ~	~に着く	get on ~	~に乗る
get home	家に着く, 帰宅する	get well	体調が良くなる

(1) から (5) までの（　）に入れるのに最も適切なものを**1,2,3,4**の中から一つ選びなさい。

(1) I went to Mary's birthday party. We （　　　） a very good time.

1 watched **2** had **3** ran **4** stayed

①②③④

(2) My mother gets （　　　） early in the morning to make breakfast.

1 on **2** to **3** at **4** up

①②③④

(3) *Girl:* I have to make dinner for my family today. My mother is sick.

Boy: （　　　） I hope she will get well soon.

1 That's too bad. **2** I'm sorry, but I can't.

3 Don't give up. **4** Anything else?

①②③④

(4) *A:* Does this bus go to City Hall?

B: Yes. You should （　　　） off at the next stop.

1 take **2** hold **3** get **4** make

①②③④

(5) *Boy:* What time will your brother come home today?

Girl: （　　　） He said nothing about it. Let's ask my mother.

1 I have no idea. **2** He will leave home at seven.

3 I don't think so. **4** He told me that yesterday.

①②③④

(6) の日本文の意味を表すように①から⑤までを並べかえて ☐☐☐☐☐ の中に入れなさい。
そして，2番目と4番目にくるものの最も適切な組合せを**1,2,3,4**の中から一つ選びなさい。

※ただし，（　）の中では，文のはじめにくる語も小文字になっています。

(6) 姉は私の宿題を手伝ってくれました。

（① helped ② with ③ homework ④ me ⑤ my）

2番目　　　　4番目

My sister ☐☐ ☐☐ ☐☐ ☐☐ ☐☐ .

1 ①－② **2** ②－⑤ **3** ④－⑤ **4** ⑤－②

①②③④

PART 8

よく出る熟語③
〈be動詞＋形容詞＋前置詞〉の熟語

〈be動詞＋形容詞（good, sickなど）＋前置詞〉の形の熟語もよく出題されます。

My単語メモ

□
□
□
□
□
□

〈be動詞 ＋ 形容詞 ＋ 前置詞〉の熟語

○ **be late for ～**　～に遅れる

Jake was (　　　　　) for school yesterday.
ジェイクは昨日学校に遅れました。

○ **be sick in bed**　病気で寝ている

Jake is (　　　　　) in bed today.
ジェイクは今日，病気で寝ています。

○ **be kind to ～**　～に親切である

Grace is (　　　　　) to him.
グレースは彼に親切です。

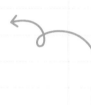

○ **be good at ～**　～が得意である

Grace is good (　　　　　) cooking.
グレースは料理が得意です。

○ **be ready to ～**　～する準備ができている

I'm ready (　　　　　) go.
私は出かける準備ができています。

I'm ready for school.
私は学校の準備ができています。

○ **be glad to ～**　～してうれしい

He is (　　　　　) to see her.
彼は彼女に会えてうれしいです。

💡 **覚えよう**

kind of ～
「～の種類」と区別して覚えよう

⚠ **注意！**

toのあとは動詞
forのあとは名詞

時間を表す熟語

all day (long)	一日中	as soon as ～	～するとすぐに
for a 　　 time	長い間	at once	直ちに，すぐに，同時に
at	最初は，最初のうちは	at	ついに
at the same time	同時に	for the first time	初めて

(1) から **(5)** までの（　　）に入れるのに最も適切なものを**1,2,3,4**の中から一つ選びなさい。

(1)　My father is（　　　）at cooking.　He often cooks pizza for

　　　us.　It's delicious.

　　　1　last　　　**2**　sure　　　**3**　hungry　　　**4**　good　　　①②③④

(2)　John is（　　　）in history.　He has many books about it.

　　　1　free　　　**2**　interested　　　**3**　tired　　　**4**　quiet　　　①②③④

(3)　I like Ms. Green because she is kind（　　　）everyone.

　　　1　with　　　**2**　from　　　**3**　to　　　**4**　of　　　①②③④

(4)　*A:* I don't see Jane today.　What's wrong with her?

　　　B: I hear she is（　　　）in bed.

　　　1　sick　　　**2**　strange　　　**3**　snowy　　　**4**　fun　　　①②③④

(5)　*Mother:* Alex, it's eight a.m. now.　（　　　）

　　　　　　Son: Just a minute, Mom.　I can't find my math notebook.

　　　1　Don't go out.　　　　**2**　How was your vacation?

　　　3　Go to bed early.　　　**4**　Are you ready for school?　　　①②③④

(6) の日本文の意味を表すように①から⑤までを並べかえて　　　　　　の中に入れなさい。
そして，2番目と4番目にくるものの最も適切な組合せを**1,2,3,4**の中から一つ選びなさい。
※ただし，（　　）の中では，文のはじめにくる語も小文字になっています。

(6)　この公園は美しい花で有名です。

　　　（① famous　② beautiful　③ is　④ its　⑤ for）

　　　　　　　　　　　　　　2番目　　　　　　　　4番目

　　　This park ⬚ ⬚ ⬚ ⬚ ⬚ flowers.

　　　1　①-④　　　**2**　③-④　　　**3**　④-⑤　　　**4**　⑤-③　　　①②③④

27

PART 9

よく出る熟語④

その他の熟語

よく出る熟語はまだあります。ここでは「量を表す熟語」などを覚えましょう。

量を表す熟語

water（水）は形のない液体なので，1つ，2つとは数えません（sをつけて複数形にできません）。そのため，水はコップに入った形で数えます。

💡 **覚えよう**

milk（牛乳）や
bread（パン）も
数えられません

a glass of	グラス1杯の水
a cup of coffee	カップ1杯のコーヒー
a lot of ~	多くの~
a 　　　　 of ~	ひと切れの~
a number of ~	多くの~，多数の~

その他の動詞の熟語

make friends (　　　) ~
~と親しくなる

(　　　) up
目が覚める

(　　　) catch
キャッチボールをする

become friends with ~	~と友達になる
for ~	~を待つ
in／at	（場所に）泊まる，滞在する
want to ~	~したいと思う
arrive at／in	~に着く
speak to ~	~に話しかける
for	例えば
come from ~	~の出身である

My単語メモ
□
□
□
□
□
□

(1) から (5) までの（　）に入れるのに最も適切なものを1, 2, 3, 4の中から一つ選びなさい。

(1) My new classmates are kind.　I'll make friends（　　）them soon.

1 from　　2 for　　3 at　　4 with　　①②③④

(2) Lucy and I send e-mails to（　　）other.

1 one　　2 two　　3 every　　4 each　　①②③④

(3) A: Hello, this is Ann.　I'm sorry, but I'll be late.

B: Then I'll wait（　　）you at the cafeteria in front of the station.

1 for　　2 of　　3 on　　4 to　　①②③④

(4) A: Do you like Japanese food?

B: Yes, of course.　For（　　）, I eat rice every morning.

1 idea　　2 point　　3 example　　4 end　　①②③④

(5) A: That player is wonderful.　Where does he（　　）from?

B: Spain.　He is a famous soccer player in Spain.

1 come　　2 go　　3 play　　4 put　　①②③④

(6) の日本文の意味を表すように①から⑤までを並べかえ □□□□ の中に入れなさい。
そして, 2番目と4番目にくるものの最も適切な組合せを1, 2, 3, 4の中から一つ選びなさい。
※ただし,（　）の中では, 文のはじめにくる語も小文字になっています。

(6) 私にグラス1杯の水をください。

（① water　② glass　③ a　④ of　⑤ me）

Give □□ □2番目□ □□ □4番目□ □□ , please.

1 ②－①　　2 ③－④　　3 ④－②　　4 ⑤－③　　①②③④

一般動詞の過去形
「〜しました」の文

PART10からは，文法に入ります。まずは動詞の過去形から始めましょう。

動詞の過去形「〜しました」

「私は〜をしました」のように，過去のことを話すときには，多くの動詞に

「-ed」をつけて「過去形」を作ります。

現在形 I play tennis. 私はテニスをします。

↓

過去形 I played tennis yesterday. 私は昨日テニスをしました。
└─動詞に-edをつける

過去形の文は，yesterday（昨日）や，last week（先週），in 1990

（1990年に）などの過去を表す言葉と一緒に使うことが多いです。

動詞の変化を覚えよう

「-ed」をつける以外にも，動詞を過去形にするルールがあります。

① 動詞に-edをつける

    play（〜をする）→played

② eで終わる動詞に-dをつける

    live（住む）→lived，like（〜を好む）→liked

③ yをiに変えて-edをつける

    study（〜を勉強する）→studied

④ 不規則に変化する

    よく出題されます。下の表で覚えておきましょう。

現在形	過去形	現在形	過去形
begin（〜を始める）		bring（〜を持ってくる）	
catch（〜をつかまえる）		come（来る）	
do（〜をする）		drink（〜を飲む）	
eat（〜を食べる）		forget（〜を忘れる）	
give（〜を与える）		go（行く）	
say（言う）		make（〜を作る）	
sleep（寝る）		see（〜を見る）	
write（〜を書く）		think（考える）	

(1) から (5) までの（　）に入れるのに最も適切なものを**1, 2, 3, 4**の中から一つ選びなさい。

(1) I (　　　) a letter to my grandfather yesterday.

1 write　　**2** writing　　**3** wrote　　**4** to write

① ② ③ ④

(2) I (　　　) a hat in the park and brought it to the police box.

1 find　　**2** found　　**3** finding　　**4** will find

① ② ③ ④

(3) *A:* You have a nice bag.

B: Thank you. My mother (　　　) it for me three days ago.

1 bought　　**2** buys　　**3** makes　　**4** making

① ② ③ ④

(4) *A:* How was your summer vacation?

B: It was nice. I (　　　) to New York with my family.

1 go　　**2** goes　　**3** going　　**4** went

① ② ③ ④

(5) *Girl:* Did you stay at home last night?

Boy: Yes, I did. (　　　)

1 I'll visit my uncle in Hokkaido.

2 I watched a soccer game on TV.

3 I have to go home by six.

4 I often clean my room in the morning.

① ② ③ ④

(6) の日本文の意味を表すように①から⑤までを並べかえて [　　　] の中に入れなさい。
そして，2番目と4番目にくるものの最も適切な組合せを**1, 2, 3, 4**の中から一つ選びなさい。
※ただし，（　）の中では，文のはじめにくる語も小文字になっています。

(6) 私は今朝，7時に起きました。

(① this　② up　③ seven　④ at　⑤ got)

2番目　　　　4番目

I [　　] [　　] [　　] [　　] [　　] morning.

1 ②-③　　**2** ②-④　　**3** ③-④　　**4** ⑤-③

① ② ③ ④

be動詞の過去形・過去進行形
「～していました」の文

be動詞の過去形　be動詞（am, is, are）の場合，am／is→wasに，are→wereにすると過去形になります。

現在形 I am hungry. 私はおなかがすいています。

↓

過去形 I (　　　　　　) hungry this morning.

私は今朝おなかがすいていました。

現在形 The meal is delicious. その食事はとてもおいしいです。

↓

過去形 The meal (　　　　) delicious.

その食事はとてもおいしかったです。

現在形 You are wonderful. あなたはすばらしい。

↓

過去形 You (　　　　) wonderful yesterday.

あなたは昨日すばらしかった。

 覚えよう

否定文はbe動詞のあとにnotを入れます

I was not hungry this morning.

（私は今朝おなかがすいていなかった）

覚えよう

疑問文はbe動詞を主語の前に出します

Was the meal delicious?

（その食事はおいしかったですか）

過去進行形「～していました」　be動詞の過去形のあとに，動詞のing形を続けると「過去進行形」を表します。過去進行形とは「過去に進行中だった動作」のことで，「～していました」という意味になります。

過去形 My mother cooked breakfast for me. 母は私のために朝食を作りました。

↓

過去進行形 My mother was (　　　　　　) breakfast for me.
〈be動詞の過去形＋動詞のing形〉

母は私のために朝食を作っていました。

否定文 My mother was (　　　　　　) cooking breakfast for me.
母は私のために朝食を作っていませんでした。

疑問文 (　　　　　　) my mother cooking breakfast for me?
母は私のために朝食を作っていましたか。

(1) から (5) までの（　　）に入れるのに最も適切なものを1,2,3,4の中から一つ選びなさい。

(1) I visited Lisa last night, but she （　　） not at home then.

   1 is   **2** was   **3** does   **4** did   ①②③④

(2) My brother and I （　　） watching TV when you called me.

   1 is   **2** are   **3** was   **4** were   ①②③④

(3) A: I went to your school festival yesterday. Who was
（　　） with you on the stage?

B: Janet was. She's my classmate.

   1 sing   **2** sings   **3** singing   **4** sang   ①②③④

(4) A: How was the party last night?

B: I didn't enjoy it. There （　　） too many people.

   1 is   **2** did   **3** were   **4** be   ①②③④

(5) *Boy:* Did you see Akira in the park at 10 a.m.?

Girl: Yes. （　　） I talked with him a little.

   1 I went to the library, but I didn't see my friends.

   2 He didn't go to the park in the morning.

   3 He wasn't in the park then.

   4 He was playing tennis with Bill then.   ①②③④

(6) の日本文の意味を表すように①から⑤までを並べかえて ☐ の中に入れなさい。
そして，2番目と4番目にくるものの最も適切な組合せを1,2,3,4の中から一つ選びなさい。

※ただし，（　　）の中では，文のはじめにくる語も小文字になっています。

(6) 昨日の正午に，あなたは何をしていましたか。

（① at　② what　③ you　④ were　⑤ doing）

	2番目		4番目	
					noon yesterday?

   1 ①－④   **2** ②－①   **3** ③－⑤   **4** ④－⑤   ①②③④

未来を表す文
will と be going to ～

未来を表す表現には, will と be going to ～があります。

will の意味：客観的なこれから起こる出来事「～でしょう」, 自分の意思「～するつもり」
be going to ～の意味：自分が「～する予定です, きっと～しそうです」

willを使った未来の表現「～でしょう」「～するつもり」

未来の文を作るときにはwillを置き, 動詞は原形にします。動詞がbe動詞（am／is／are）の場合は, 原形のbeになります。

現在形 He is rich. 彼はお金持ちです。

→

未来 He will (　　　　　　) rich someday. 彼はいつかお金持ちになるでしょう。
〈will＋動詞の原形〉

未来 I (　　　　　) drive you to the station.
駅まで車で送るつもりです（送ってあげるよ）。

未来の文は, tomorrow（明日に）, in the future（将来に）などの未来を表す語句と一緒に使うことが多いです。

💡 覚えよう

will notを短縮してwon'tになります

否定文 He (　　　　　　) be rich. 彼はお金持ちにならないでしょう。

疑問文 (　　　　　　) he be rich someday? 彼はいつかお金持ちになるでしょうか。

be going to ～を使った未来の表現「～する予定です」

be going toのあとには, 動詞の原形を続けます。

現在形 I stay home. 私は家にいます。

↓

未来 I (　　　　)(　　　　　)(　　　　　　) stay home tomorrow.
動詞の原形
私は明日,家にいる予定です。

否定文 I am (　　　　　　) going to stay home tomorrow.
私は明日,家にいる予定ではありません。

疑問文 (　　　　　　) you going to stay home tomorrow?
あなたは明日,家にいる予定ですか。

(1) から *(5)* までの（　）に<ruby>入<rt>い</rt></ruby>れるのに<ruby>最<rt>もっと</rt></ruby>も<ruby>適切<rt>てきせつ</rt></ruby>なものを**1,2,3,4**の<ruby>中<rt>なか</rt></ruby>から<ruby>一<rt>ひと</rt></ruby>つ<ruby>選<rt>えら</rt></ruby>びなさい。

(1) I hope Bob (　　　) join our soccer team.

1 is **2** will **3** does **4** did

①②③④

(2) I'm going (　　　) my room before lunch.

1 clean **2** cleaned **3** cleaning **4** to clean

①②③④

(3) *A:* What (　　　) you going to do next Sunday?

B: I'm going to visit my uncle in Osaka.

1 will **2** do **3** are **4** were

①②③④

(4) *A:* Are you going to play baseball with David and Bob?

B: No. David (　　　) come because he has a cold.

1 isn't **2** don't **3** aren't **4** won't

①②③④

(5) *Boy:* (　　　)

Girl: Yes. I want to go to Australia when I become a

college student.

1 Will you study abroad someday?

2 Where are you from?

3 What did you study in college?

4 Where did you go during summer vacation?

①②③④

(6) の<ruby>日本文<rt>にほんぶん</rt></ruby>の<ruby>意味<rt>いみ</rt></ruby>を<ruby>表<rt>あらわ</rt></ruby>すように①から⑤までを<ruby>並<rt>なら</rt></ruby>べかえて ◯◯◯◯ の<ruby>中<rt>なか</rt></ruby>に<ruby>入<rt>い</rt></ruby>れなさい。

そして，**2**<ruby>番目<rt>ばんめ</rt></ruby>と**4**<ruby>番目<rt>ばんめ</rt></ruby>にくるものの<ruby>最<rt>もっと</rt></ruby>も<ruby>適切<rt>てきせつ</rt></ruby>な<ruby>組合<rt>くみあわ</rt></ruby>せを**1,2,3,4**の<ruby>中<rt>なか</rt></ruby>から<ruby>一<rt>ひと</rt></ruby>つ<ruby>選<rt>えら</rt></ruby>びなさい。

※ただし，（　）の<ruby>中<rt>なか</rt></ruby>では，<ruby>文<rt>ぶん</rt></ruby>のはじめにくる<ruby>語<rt>ご</rt></ruby>も<ruby>小文字<rt>こもじ</rt></ruby>になっています。

(6) あなたはまもなく<ruby>家<rt>いえ</rt></ruby>を<ruby>出<rt>で</rt></ruby>るつもりですか。

（① you ② leave ③ to ④ are ⑤ going）

	2番目		4番目	

home soon?

1 ①-② **2** ①-③ **3** ④-⑤ **4** ⑤-④

①②③④

助動詞
must「〜しなければならない」

must（〜しなければならない）は，助動詞の一つです。助動詞はほかに can／may／will／would などがあります。ここでは助動詞 must と，have to［has to］について学習しましょう。

💡 **覚えよう**

助動詞はPART17,18 もチェックしよう

must「〜しなければならない」 must には，義務「〜しなければならない」と，推量「〜に違いない」の2つの意味があります。

義務 I (   ) finish this report by noon.
〈must＋動詞の原形〉
私は正午までにこのレポートを終えなければなりません。

推量 You (   ) be tired after a long trip.
長旅のあとであなたは疲れているに違いない。

must と have to はどちらも「〜しなければならない」の意味ですが，must のほうが強制的な感じが強いと考えておきましょう。must は規則などの文でよく目にします。

💡 **覚えよう**

must は「絶対やるぞ」 have to／has to は 「あーあ，やらなくちゃ」

have to「〜しなければならない」

I (   ) (   ) finish this report by noon.
〈have to＋動詞の原形〉
正午までにこのレポートを終えなくちゃ。

否定文 don't, doesn't を have to の前に入れる。

I don't (   ) (   ) reply to his comment.
私は彼のコメントに返事をする必要がありません。

疑問文 do, does で文を始める。

Do I (   ) (   ) reply to his comment?
彼のコメントに返事をしなければなりませんか。

(1) から **(5)** までの（　　）に入れるのに最も適切なものを**1,2,3,4**の中から一つ選びなさい。

(1)　A: Don't speak loud in the library. You（　　　）be quiet here.

B: I'm sorry.

1　must　　　**2**　mustn't　　　**3**　have　　　**4**　don't　　①②③④

(2)　I（　　　）to read three books during the week.

1　must　　　**2**　can　　　**3**　may　　　**4**　have　　①②③④

(3)　My brother can（　　　）a horse.

1　ride　　　**2**　rides　　　**3**　riding　　　**4**　rode　　①②③④

(4)　A: I would（　　　）to ask you some questions.

B: Sure. What do you want to know?

1　want　　　**2**　like　　　**3**　know　　　**4**　have　　①②③④

(5)　Boy: Hello. This is Jim.（　　　）

Girl: I'm sorry, she's out now.

1　Who's speaking?

2　Can I take a message?

3　May I use your phone?

4　May I speak to Mary, please?　　①②③④

(6) の日本文の意味を表すように①から⑤までを並べかえて □□□ の中に入れなさい。
そして，2番目と4番目にくるものの最も適切な組合せを**1,2,3,4**の中から一つ選びなさい。

※ただし，（　　）の中では，文のはじめにくる語も小文字になっています。

(6)　あなたは昼食を持ってくる必要はありません。

（① don't　② your lunch　③ have　④ bring　⑤ to）

You □□□□ [2番目] □□□□ □□□□ [4番目] □□□□ □□□□ .

1　①－⑤　　　**2**　③－④　　　**3**　④－③　　　**4**　⑤－④　　①②③④

比較

比べる文

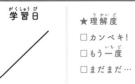

★理解度
□ カンペキ！
□ もう一度
□ まだまだ…

比較級　2つを比べる
形容詞の語尾に-erをつけます。

Peter is （　　　　　） than Mike . ピーターはマイクよりも背が高い。
〈比較級（-er）+than+比べる人〉

My computer is （　　　　　） than yours .
〈比較級（-er）+than+比べるもの〉

私のコンピューターはあなたのものよりも古い。

最上級　3つ以上を比べる
形容詞の語尾に-estをつけます。

Peter is the （　　　　　） of the three .
〈最上級（-est）+ofやin〉

ピーターは3人の中で最も背が高い。

① 長い語の変化
-er, -estをつけると長すぎて発音しにくいので，前にmore, mostをつけます。

原級	比較級	最上級
beautiful（美しい）		most beautiful
expensive（高価な）	more expensive	

② 不規則な変化
よく出題されるので，一つ一つ覚えておきましょう。

原級	比較級	最上級
good（よい），well（上手に）		
bad（悪い），ill（病気の）		
many（数が多い），much（量が多い）		
little（少ない）		

原級
as ～ as …「…と同じくらい～」の表現を覚えましょう。

This book is （　　　　）（　　　　）（　　　　） that one.
goodは原級（もとの形）

この本はあの本と同じくらいよい。

(1) から **(5)** までの（　）に入れるのに最も適切なものを**1, 2, 3, 4**の中から一つ選びなさい。

(1)　Jim can run much（　　）than his brother.

　　　　1　fast　　　**2**　faster　　　**3**　fastest　　　**4**　too fast　　①②③④

(2)　Kate has two sisters. She is the（　　）of the three.

　　　　1　young　　　　　**2**　younger

　　　　3　youngest　　　**4**　most young　　①②③④

(3)　A: Andy, do you eat rice every morning?

　　　　B: Yes. For breakfast, I like rice（　　）than bread.

　　　　1　good　　　**2**　well　　　**3**　better　　　**4**　best　　①②③④

(4)　A: I'm not good at math. I think English is easier than

　　　　　　math. What do you think?

　　　　B: For me, English is as（　　）as math.

　　　　1　difficult　　　　　**2**　more difficult

　　　　3　most difficult　　　**4**　easier　　①②③④

(5)　*Boy:* Which picture do you like the best on this album?

　　　　Girl:（　　）My father took it when I was a child.

　　　　1　I like taking pictures of animals.

　　　　2　This is my new camera.

　　　　3　The first one is my favorite.

　　　　4　I don't have any good pictures.　　①②③④

(6) の日本文の意味を表すように①から⑤までを並べかえて　□　の中に入れなさい。
そして，2番目と4番目にくるものの最も適切な組合せを**1, 2, 3, 4**の中から一つ選びなさい。

※ただし，（　）の中では，文のはじめにくる語も小文字になっています。

(6)　彼は日本で最も人気のある歌手の1人です。

　　　　（① the most　② of　③ singers　④ one　⑤ popular）

　　　　　　　　　　　2番目　　　　　　　　4番目
　　　　He is ☐ ☐ ☐ ☐ ☐ in Japan.

　　　　1　②−⑤　　**2**　③−①　　**3**　④−①　　**4**　⑤−②　　①②③④

PART 15

不定詞・動名詞
〈to＋動詞の原形〉，動詞に〜ingがつく形

不定詞　〈to＋動詞の原形〉

① 「〜すること」 名詞のはたらき

(　　　　) sing a song is very exciting. 歌をうたうことはとてもわくわくします。

〈to＋動詞の原形〉「〜すること」

② 「〜するための」「〜するべき」 形容詞のはたらき（前の名詞・代名詞を修飾します）

I have a lot of snacks (　　　)(　　　　).

〈to＋動詞の原形〉「〜するための」

食べるためのお菓子がたくさんあります。

③ 「〜するために」 副詞のはたらき（前の動詞を修飾します）

He went to school (　　　)(　　　　).

〈to＋動詞の原形〉「〜するために」

彼は勉強するために学校に行きました。

動詞によって不定詞か動名詞かが決まる

動詞によって，不定詞・動名詞のどちらをあとに続けるかが変わります。
動名詞とは，動詞にingをつけた形です。

① 不定詞・動名詞のどちらもあとに続けられる動詞

like to 〜／〜ing	〜することが好き

② 不定詞をあとに続ける動詞

He (　　　　) to play soccer well. 彼は上手にサッカーをしたいです。

to 〜	〜することを決意する
to 〜	〜することを願う
need to 〜	〜することが必要だ

③ 動名詞をあとに続ける動詞

He (　　　　) eating a lot of snacks. 彼はお菓子をたくさん食べるのをやめました。

〜ing	〜するのを楽しむ
〜ing	〜し終える

(1) から (5) までの（　）に入れるのに最も適切なものを**1,2,3,4**の中から一つ選びなさい。

(1) Ann went to the supermarket to (　　　) some food yesterday.

1 buy　　**2** bought　　**3** buys　　**4** buying　　①②③④

(2) I finished (　　　) a report last night.

1 write　　**2** writing　　**3** wrote　　**4** to write　　①②③④

(3) *A:* Lisa, is (　　　) Japanese easy for you?

B: No. But my classmates always help me.

1 speaks　　　　**2** speak to

3 speaking　　　**4** spoke　　　　　　　　　　①②③④

(4) *A:* Our family (　　　) to move to Osaka.

B: Really? When will you go?

1 enjoyed　　**2** stopped

3 arrived　　　**4** decided　　　　　　　　①②③④

(5) *Boy:* I hear Fred will come back to Japan next month.

Girl: (　　　) Everyone wants to see him again.

1 That's a good idea.　　**2** Where is he from?

3 I'm glad to hear that.　**4** When did he come here?　①②③④

(6) の日本文の意味を表すように①から⑤までを並べかえて ☐ の中に入れなさい。
そして，2番目と4番目にくるものの最も適切な組合せを**1,2,3,4**の中から一つ選びなさい。
※ただし，（　）の中では，文のはじめにくる語も小文字になっています。

(6) 東京には訪れるべき場所がたくさんあります。

（① to　② many　③ visit　④ are　⑤ places）

There ☐ | ☐ (2番目) | ☐ | ☐ (4番目) | ☐ in Tokyo.

1 ①－⑤　　**2** ②－①　　**3** ③－⑤　　**4** ⑤－④　　①②③④

PART 16

接続詞
文と文をつなぐ言葉

「文」とは,「主語(〜は)＋動詞(〜する)」のかたまりのことです。
「接続詞」は,2つの文を結び付けて1つにします。

次の2つの文の間には ☐ のような接続詞が入ります。

I like Paul. ☐ He is kind.
私はポールが好きです。　　　　　　彼は優しい。

| and but for or when because if after before |

① 文を対等に結び付ける接続詞　ふつう文頭にはきません。

I like Paul (　　　　) he is kind. 私はポールが好きで,彼は優しいです。

and	そして	**but**	しかし
for	だから	**or**	あるいは

命令文, and／or

Hurry up, (　　　　) you can catch the train.
急ぎなさい,そうすれば電車に間に合うよ。

Hurry up, (　　　　) you will miss the train.
急ぎなさい,さもないと電車に遅れるよ。

② 文を主と従で結び付ける接続詞　文頭にくることもあります。

I like Paul (　　　　) he is kind. 私はポールが好き,彼は優しいので。
主　　　　　　従

(　　　　) Paul is kind, I like him. ポールは優しいので,私は彼が好き。
従　　　　　　　　　主

when	〜するときに	**because**	〜なので
if	もし〜ならば	**after**	〜のあとに
before	〜の前に		

if「もし〜なら」, when「〜のときは」

Please help me (　　　　) you are free. もしあなたがひまなら私を手伝って。
　　　　　　　　　条件を表す

(　　　　) I was a child, I was shy. 子どものときは恥ずかしがり屋でした。
時を表す

(1) から **(5)** までの（　　）に入れるのに最も適切なものを**1, 2, 3, 4**の中から一つ選びなさい。

(1) I don't have any pets (　　　) my mother doesn't like having animals at home.

　　1 because　　**2** that　　**3** or　　**4** so　　①②③④

(2) The question wasn't difficult, so I could answer (　　　).

　　1 usually　　**2** maybe　　**3** easily　　**4** early　　①②③④

(3) *A:* Ms. Green, you speak Japanese well. Where did you learn it?

　　B: My family lived in Japan (　　　) I was an elementary school student.

　　1 but　　**2** because　　**3** if　　**4** when　　①②③④

(4) *A:* The movie was very interesting.

　　B: Yes, I also enjoyed it. (　　　) the way, how about having lunch? I'm hungry.

　　A: Sounds good.

　　1 But　　**2** By　　**3** And　　**4** On　　①②③④

(5) *Boy:* (　　　)

　　Girl: I'll go camping if it's sunny.

　　1 What did you do during summer vacation?

　　2 Do you have any plans for this weekend?

　　3 Can you see a lot of stars in the sky now?

　　4 What do you usually do on rainy Sundays?　　①②③④

(6) の日本文の意味を表すように①から⑤までを並べかえて　　　　　の中に入れなさい。
そして，2番目と4番目にくるものの最も適切な組合せを**1, 2, 3, 4**の中から一つ選びなさい。
※ただし，（　　）の中では，文のはじめにくる語も小文字になっています。

(6) 急がないと会議に遅れますよ。

　　（① for　② late　③ you'll　④ or　⑤ be）

　　　　　　　　　　　2番目　　　　　　4番目

　　Hurry up, 　　　　　　　　　　　　　　　　the meeting.

　　1 ①-⑤　　**2** ②-④　　**3** ③-②　　**4** ⑤-④　　①②③④

会話表現①
許可を取る, お願いする

許可を取る　Can I ～? 「～してもいいですか」

「～してもいいですか」のように，してもいいかを相手に尋ねるときには
Can I ～?を使います。May I ～?はCan I ～?よりも少し丁寧です。

（　　　　　　） I use your desk?
机を使ってもいい?

（　　　　　　） I use your desk?
机を使用してもよろしいですか。

> 💡 **覚えよう**
>
> Can I ～?は
> 「（自分が）～しても
> いい?」
> Can you ～?は
> 「（あなたが）～してく
> れる?」

お願いする　Can you ～? 「～してもらえますか」

「～してもらえますか」と相手にお願いするときにはCan you ～?を使います。
Can の過去形Couldを使ったCould you～?は，Can you ～?よりも少し
丁寧です。

（　　　　　　） you read it for me?

それを読んでくれる?

（　　　　　　） you read it for me?

それを読んでいただけますか。

答え方

前向きな場合

Sure.	Of course.	No problem.
もちろん。	もちろん。	いいですよ。

断る場合

Sorry. （ごめんなさい）と言ってから，I'm busy now. （今,忙しいです）などと理由を続けます。

次の (1) から (5) までの会話について，（　　　）に入れるのに最も適切なものを 1, 2, 3, 4 の中から一つ選びなさい。

(1) *Mother:* I'm making lunch. （　　　）

　　　Boy: I'm sorry, but I can't, Mom. I'm doing my homework now.

　　1 Be careful.　　　　　**2** Will you help me?

　　3 Don't watch TV now.　**4** May I help you?　　①②③④

(2) 　*Boy:* I don't have any red pens. Can I use yours?

　　Girl: Of course. （　　　）

　　1 Here it is.　　　　　**2** It's not mine.

　　3 Use your pen.　　　　**4** Where is it?　　　①②③④

(3) *Teacher:* I'll use these books at today's lesson. （　　　）

　　Student: Sure.

　　Teacher: Thank you, Tom.

　　1 They are very interesting.

　　2 They are heavy, so I can't carry them.

　　3 I read all of them yesterday.

　　4 Please carry them to the classroom.　　①②③④

(4) *Young man:* I like this coat, but it's a little small for me. （　　　）

　　Salesclerk: Sure. I'll get it right now.

　　1 Can I have the smallest one?　**2** How much is it?

　　3 Do you have a larger one?　**4** Do you have a black one?　①②③④

(5) *Woman:* Excuse me. （　　　）

　　Man: OK. Go straight and turn left at the second corner.

　　Woman: Thank you.

　　1 What time will the next bus come?

　　2 Could you tell me the way to the station?

　　3 Where are you going?

　　4 May I take a message?　　①②③④

会話表現②
勧める・誘う

勧める　Do you want 名詞〜?「〜が欲しいですか」

「〜が欲しいですか」のように，相手に何かを勧めるときには〈Do you want 名詞〜?〉とします。丁寧な表現にするには〈Would you like 名詞〜?〉にします。

Do you (　　　　　) some coffee?
コーヒー欲しい？
名詞

(　　　　　) you like some coffee?
コーヒーはいかがですか。
名詞

💡覚えよう

飲みたいときには
Yes, please.など，
断るときには
No, thank you.
などと答えます

誘う　Do you want to 動詞〜?「〜したいですか」

「〜したいですか」と相手を誘いたいときには〈Do you want to 動詞〜?〉にします。丁寧な表現にしたいときには〈Would you like to 動詞〜?〉にします。

Do you want to go out?　遊びに行きたい？
動詞

Would you (　　　　) to go out?　外に行きませんか。
動詞

Sure.（もちろん），Sounds good.（いいですね）などと答えます。

提案する　How about 〜?「〜はどうですか」

How about 〜?は「〜はどうですか」「〜はいかがですか」と相手に提案したり，勧めたりする表現です。

How about this ice cream?　このアイスはどう？

(　　　　) about going to the library?　図書館に行くのはどうですか。

That's fine.（いいですね），Sounds good.（いいですね），That's a good idea.（いい考えですね）などと答えます。

次の (1) から (5) までの会話について，（　　　）に入れるのに最も適切なものを 1，2，3，4 の中から一つ選びなさい。

(1)　Father: It's sunny today. （　　　）

　　　　Son: That's a good idea. Let's go to the park.

　　1　What will you do in the morning?

　　2　Shall we play catch after lunch?

　　3　You don't have to go out.

　　4　You must do your homework.　　　①②③④

(2)　Boy: How about going to see a movie tomorrow?

　　Girl: Sure. I'd love to. （　　　）

　　1　What time shall we meet?　　2　How was the movie?

　　3　I'll be very busy tomorrow.　4　Where did you go?　　①②③④

(3)　Man: Would you like something to drink, Jane?

　　Girl: Thank you, Mr. Smith. （　　　）

　　1　No problem.　　2　I don't have anything to eat.

　　3　Here you are.　4　I'd like some tea, please.　　①②③④

(4)　Mother: Do you want more curry, Ted?

　　　Son: No, thank you. （　　　）

　　1　I'm full.　　2　I want more rice, too.

　　3　I must eat curry.　4　I think so, too.　　①②③④

(5)　Boy: Shall I take a picture of you?

　　Girl: （　　　） Here's my camera.

　　1　No, let's not.　　2　I'm surprised.

　　3　Yes, please.　　4　Don't worry.　　①②③④

PART 19

会話表現③
「どこ？」「いつ？」

★理解度
□ カンペキ！
□ もう一度
□ まだまだ…

疑問詞とはWhen「いつ」，Where「どこ」，Who（Whose）「だれ（の）」，What「何」，Why「なぜ」，How「どのように」，Which「どちら」の7つを指します。

疑問詞はたいてい文頭にきて，疑問文を作ります。

💡覚えよう

7つの疑問詞は
しっかり覚えよう

When「いつ？」

「いつ？」と時を尋ねるときはWhenを使います。文頭にWhenを置いて「いつ〜しますか」と尋ねる場合は，Whenのあとに一般動詞の疑問文が続きます。

When does the class begin?
授業はいつ始まるの？

Nine o'clock.
9時だよ。（時間を答える）

(　　　　　) will you visit your grandmother?
いつおばあちゃんを訪ねますか。

Next month.
来月です。（日付を答える）

Where「どこ？」

「どこ？」と場所を尋ねるときにはWhereを使います。「どこで〜しますか」と尋ねる場合は，Whereのあとに一般動詞の疑問文が続きます。

Where did you go in summer?
夏にどこに行ったの？

To Hawaii.
ハワイだよ。（場所を答える）

(　　　　　) do you keep the diamond ring?
ダイヤの指輪をどこにしまっていますか。

In the drawer.
引き出しです。（場所を答える）

次の *(1)* から *(5)* までの会話について，（　　　）に入れるのに最も適切なものを **1, 2, 3, 4** の中から一つ選びなさい。

(1)　　*Boy:* Oh, no.　（　　　　）

　　　Girl: Look, it's under the desk.

1　What do you have?　　**2**　How many pens do you have?

3　Where is my pen?　　**4**　When did you buy your pen?　　① ② ③ ④

(2)　*Mother:* When will you do your homework, Paul?

　　　　Son: （　　　　）

1　After dinner.　　**2**　For a math test.

3　In my room.　　**4**　Last week.　　① ② ③ ④

(3)　　*Boy:* Where does Mr. Green live?　Do you know?

　　　Girl: Yes.　（　　　　）It's near my house.

1　He lives in an apartment.

2　He came to Japan five years ago.

3　He's from Australia.

4　He plays soccer in the park.　　① ② ③ ④

(4)　　*Boy:* When do you practice basketball?

　　　Girl: （　　　　）Sometimes I have a game on Sunday.

1　At the school gym.　　**2**　From Monday to Thursday.

3　Thirty members.　　**4**　He's our coach.　　① ② ③ ④

(5)　　*Man:* Excuse me.　Where is the museum?

　Woman: I'm sorry.　（　　　　）You should ask someone at

　　　　　　that shop.

1　Have a nice day.　　**2**　I'm a stranger here.

3　It's ten fifteen.　　**4**　Be careful.　　① ② ③ ④

PART 20 会話表現④
「だれ？」「どうして？」

Who「だれ？」

「だれ？」と人物を尋ねるときにはWhoを使います。「だれが～しますか」と尋ねるには，Whoのあとに動詞や助動詞を続けます。

> Who is going to close the door?
> だれがドアを閉めるのですか。

> It's my job.
> 私の仕事です。

> (　　　　　) made this cake?
> このケーキはだれが作ったの？

> My mother did.
> お母さんだよ。

Why「なぜ？」「どうして？」

「なぜ？」「どうして？」と理由を尋ねるときにはWhyを使います。

Why are you here?
なぜここにいるの？

(　　　　　) do you cry?
どうして泣くの？

💡 覚えよう

単純に理由を尋ねるだけでなく，相手を責める気持ちを含んでいるときもあります

理由を答えるときにはBecauseを使います。ただし，会話ではBecauseを使わない場合もあります。

> Because I'm lost.
> 迷ったからです。

> (　　　　　) I'm hungry.
> おなかがすいているからです。

次の (1) から (5) までの会話について，（　　　）に入れるのに最も適切なものを 1, 2, 3, 4 の中から一つ選びなさい。

(1) *Boy:* Who is that girl with long hair?

Girl: (　　　) I often play tennis with her.

1 I don't know her. **2** That's not hers.

3 She's Nancy. **4** She is eighteen.

①②③④

(2) *Boy:* (　　　) It's delicious.

Girl: My sister did.

1 What do you like?

2 Who made this cake?

3 Do you have any sisters?

4 Where did you buy this table?

①②③④

(3) *Boy:* Whose computer is it?

Girl: (　　　) He always uses it for his work.

1 He's my father. **2** It's me.

3 It's expensive. **4** It's my father's.

①②③④

(4) *Boy:* Why did you go to the hospital yesterday?

Girl: (　　　) He's getting better.

1 To see my grandfather. **2** By bus.

3 It was raining. **4** With my mother.

①②③④

(5) *Boy:* Which will you buy, this red cup or that blue one?

Girl: (　　　) The red one is for my mother, and the blue one is for my father.

1 This red one. **2** That blue one.

3 I'll buy both. **4** I'll buy nothing.

①②③④

PART 21

会話表現⑤
「何?」「どうやって?」

What「何?」

「何?」と尋ねるときにはWhatを使います。

「何をしますか?(しましたか?)」と尋ねたい場合は,Whatのあとに疑問文を続けます。

「何の~?」「どの~?」と尋ねたい場合は,Whatのあとに名詞と疑問文を続けます。

 注意!

疑問詞で
尋ねられたら,

Yes, Noではなく
具体的に答えます

What <u>did you say</u>?　何と言いましたか。
　　　　　疑問文

(　　　　　) <u>color</u> <u>do you like best</u>?　何色が一番好きですか。
　　　　　　　名詞　　　　疑問文

ほかにも,Whatを使った表現を覚えましょう。

What time is it?　何時ですか。

「何時に~しますか(しましたか)」と尋ねる場合は,What timeのあとに疑問文を続けます。

(　　　　)(　　　　　) did you get up this morning?
今朝何時に起きましたか。

How「どうやって?」

How「どうやって?」は,交通手段などを尋ねるときに使います。

また,How many ~?(いくつ?),How much ~?(いくら?),How long ~?
(どれくらい?)などでさまざまなものの数や量を尋ねられます。

How do you go to school?　あなたはどうやって学校に行きますか。

By train. 電車です。	On foot. 徒歩です。

How (　　　　) eggs did you use? いくつ卵を使いましたか。
How (　　　　) money did you pay? いくら払いましたか。
How (　　　　) have you been staying here? どれくらいここにいるのですか。

次の (1) から (5) までの会話について，（　　　　）に入れるのに最も適切なものを 1, 2, 3, 4 の中から一つ選びなさい。

(1)　　Woman: Excuse me. I like this red bag. How much is it?

Salesclerk: （　　　　）

1　About an hour.　　　　**2**　It's my bag.

3　It's $25.　　　　**4**　I have two bags.　　①②③④

(2)　Boy: I'm getting hungry. （　　　　）

Girl: It's eleven thirty. Let's have lunch.

1　How old are you?　　　　**2**　What time is it now?

3　Where is the restaurant?　**4**　What do you have?　　①②③④

(3)　Girl: Let's go to the new library, Jim. It has a lot of English
　　　　　books.

　Boy: Really? （　　　　）

Girl: About ten minutes by bike.

1　How far is it from here?

2　How many books does it have?

3　What time does it close?

4　Where did you go?　　①②③④

(4)　　Father: What would you like to have for lunch?

Daughter: （　　　　）

　　Father: All right. I'll make them soon.

1　I like that restaurant.　　**2**　You're a good cook, Dad.

3　I ate lunch with Tim.　　**4**　I'd like to eat sandwiches.　　①②③④

(5)　Boy: You don't look fine, Lucy. （　　　　）

Girl: I don't feel well. I don't think I can join the dance practice.

Boy: I see. You should go home soon.

1　What's wrong with you?　**2**　How's the weather?

3　Why not?　　　　**4**　Have fun.　　①②③④

並べかえ①
熟語

4級では，日本文をもとにして，英語を並べかえる問題が出題されます。
答えるのは，2番目と4番目にくるものの組合せです。熟語，不定詞，
比較などの並べかえ問題がよく出るので，しっかり押さえましょう。

覚えよう

熟語（PART6〜9），
不定詞（PART15），
比較（PART14）を
復習しよう

主語と動詞の位置を決める

並べかえの問題では，細かい文法事項よりも，基本的な文の構造（主語と
動詞の位置）に注意しましょう。

考えてみよう 本番の形式で練習してみましょう。

私たちはテスト勉強をするために，その本を使いました。

（① for　② used　③ study　④ to　⑤ the book）

		2番目		4番目		
We						the test.

1　①−④　　**2**　②−③　　**3**　②−⑤　　**4**　⑤−③

①Weが最初にあるので，次には動詞が入ります。

We						the test.

主語　動詞

②〈主語＋動詞〉のあとには，目的語が入ります。

We	used					the test.

主語　動詞　目的語

③残っている語（③study ④to）と，最後のthe testとの関連を考えます。

We	used	the book				the test.

〈to+動詞の原形〉

④2番目は⑤the book，4番目は③studyなので，4⑤−③が正解です。

(1) から *(5)* の日本文の意味を表すように①から⑤までを並べかえて ▢ の中に入れなさい。

そして，2番目と4番目にくるものの最も適切な組合せを**1,2,3,4**の中から一つ選びなさい。

※ただし，(　　　) の中では，文のはじめにくる語も小文字になっています。

(1) 本屋は公園と郵便局の間にあります。

(① between　② the bookstore　③ and　④ is　⑤ the park)

▢ ▢(2番目) ▢ ▢(4番目) ▢ the post office.

1 ①－⑤　**2** ②－⑤　**3** ④－②　**4** ④－⑤　①②③④

(2) 彼は何度も繰り返し同じ質問を尋ねました。

(① again　② asked　③ question　④ and　⑤ the same)

He ▢ ▢(2番目) ▢ ▢(4番目) ▢ again.

1 ①－③　**2** ①－④　**3** ⑤－①　**4** ⑤－④　①②③④

(3) 私が会ったとき，メグは悲しそうに見えました。

(① looked　② I　③ sad　④ met　⑤ when)

Meg ▢ ▢(2番目) ▢ ▢(4番目) ▢ her.

1 ①－②　**2** ②－①　**3** ③－②　**4** ⑤－③　①②③④

(4) 私は喜んであなたがたのバスケットボールチームに加わりましょう。

(① happy　② your　③ to　④ be　⑤ join)

I'll ▢ ▢(2番目) ▢ ▢(4番目) ▢ basketball

team.

1 ①－⑤　**2** ②－③　**3** ③－①　**4** ⑤－②　①②③④

(5) その建物の前にたくさんの人がいました。

(① front　② many　③ were　④ in　⑤ people)

There ▢ ▢(2番目) ▢ ▢(4番目) ▢ of the

building.

1 ①－⑤　**2** ②－④　**3** ③－②　**4** ⑤－④　①②③④

並べかえ②

疑問詞

疑問詞のある並べかえ問題もよく出るので，しっかり押さえましょう。

覚えよう

会話表現（PART17
〜21）を復習しよう

疑問詞は文のはじめに置くのが基本

疑問詞は，文のはじめにくるのが基本です。疑問詞のあとには，疑問文の形が続きます。

疑問詞の種類

what	何, 何の	who	だれ	whose	だれの,だれのもの
which	どの,どちらの	when	いつ	where	どこで
why	なぜ	how	どのように		

考えてみよう 本番の形式で練習してみましょう。

あなたはアメリカで何を勉強しましたか。

（① study　② you　③ what　④ in　⑤ did）

	2番目		4番目		
					the U.S.?

1 ③−④　　**2** ②−③　　**3** ⑤−①　　**4** ⑤−③

① 選択肢に疑問詞whatがあるので, whatを先頭に置きます。

				the U.S.?

② 疑問文の形を続けます。

What				the U.S.?

主語　動詞の原形

③ 2番目は⑤did, 4番目は①studyなので, 3⑤−①が正解です。

〈疑問詞＋●●〉も覚えよう

What food do you like?	あなたは何の食べ物が好きですか。
How 　　　　**is Shinano River?**	信濃川はどのくらいの長さですか。
How 　　　　**do you go to the movies?**	あなたはどのくらいの頻度で映画に行きますか。
How 　　　　**is the girl?**	その女の子は何歳ですか。

(1) から (5)の日本文の意味を表すように①から⑤までを並べかえて ☐ の中に入れなさい。
そして，2番目と4番目にくるものの最も適切な組合せを**1,2,3,4**の中から一つ選びなさい。

※ただし，（　　　）の中では，文のはじめにくる語も小文字になっています。

(1) あなたはいつ海外旅行をする予定ですか。

（① when　② going to　③ are　④ travel abroad　⑤ you）

	2番目		4番目	
☐	☐	☐	☐	☐

?

1 ①-⑤　　**2** ②-⑤　　**3** ③-②　　**4** ④-⑤　　①②③④

(2) あなたは昨夜どこで夕食を食べましたか。

（① dinner　② did　③ where　④ you　⑤ eat）

	2番目		4番目	
☐	☐	☐	☐	☐

last night?

1 ②-④　　**2** ②-⑤　　**3** ④-⑤　　**4** ⑤-④　　①②③④

(3) あなたはこの冬，何のスポーツをするつもりですか。

（① sport　② what　③ play　④ will　⑤ you）

	2番目		4番目	
☐	☐	☐	☐	☐

this winter?

1 ①-④　　**2** ①-⑤　　**3** ④-③　　**4** ⑤-③　　①②③④

(4) あなたはどんな種類の音楽が好きですか。

（① music　② like　③ you　④ kind of　⑤ do）

What
	2番目		4番目	
☐	☐	☐	☐	☐

?

1 ①-③　　**2** ③-④　　**3** ④-③　　**4** ⑤-②　　①②③④

(5) 駅まで行くのにどのくらいかかりますか。

（① take　② long　③ it　④ to get　⑤ does）

How
	2番目		4番目	
☐	☐	☐	☐	☐

to the
station?

1 ①-⑤　　**2** ②-④　　**3** ⑤-①　　**4** ⑤-③　　①②③④

長文A
けいじ あんない
掲示・案内①

学習日
がくしゅうび

／

★理解度
りかいど
□ カンペキ！
□ もう一度
いちど
□ まだまだ…

4級で出題される長文は「掲示・案内」「メール」「説明文」の3種類
きゅう しゅつだい ちょうぶん けいじ あんない せつめいぶん しゅるい
です。まずは「掲示・案内」という短いお知らせ文を読んでいきましょう。
けいじ あんない みじか し ぶん よ

先に設問を読もう　いきなり長文を読み始めるのではなく、ま
さき せつもん よ ちょうぶん よ はじ
ずは設問を読み、長文の内容をつかみましょう。
せつもん よ ちょうぶん ないよう

設問1　Betty ran away
せつもん　ベティは～逃げました
に

選択肢　**1**　in South Park.
せんたくし　南（　　　　　　　　）で。
みなみ

!注意！
あてはまる日本語訳を
にほんごやく
考えて入れよう
かんが

2　on Sunday evening.
日曜日の夕方に。
にちようび ゆうがた

3　with her family.
家族と一緒に。
かぞく いっしょ

4　to her home.
自分の家へ。
じぶん いえ

解答（　　　　　　　）
かいとう

設問2　What is special about Betty?
せつもん
ベティの（　　　　　　　　）は何ですか。
なん

!注意！
右ページの
みぎ
長文を読んで、
ちょうぶん よ
設問に対する答えを
せつもん たい こた
4つの選択肢から
せんたくし
選ぼう
えら

選択肢　**1**　She is big.
せんたくし　彼女は大きいです。
かのじょ おお

2　She is white.
彼女は白いです。
かのじょ しろ

3　She is five months old.
彼女は生後5か月です。
かのじょ せいご げつ

4　She has brown hair.
彼女は毛が（　　　　　　　）です。
かのじょ け

解答（　　　　　　）
かいとう

Lost Puppy

Please help us!

We are looking for our family.

Around 10 a.m. on Sunday, May 17, in South Park, our dog ran away.

Her name is Betty. She is a small brown Shiba dog; about 30 centimeters tall,

5 kilograms. She is ten months old and wears a white ribbon on her neck.

If you have any information, call me, please.

787-1943

Amanda Georgeson

次のお知らせの内容に関して，*(1)* と *(2)* の質問に対する答えとして最も適切なものを**1,2,3,4**の中から一つ選び，その番号のマークをぬりつぶしなさい。

Valentine's Day Gift Sale

Show your love to your friends and your teachers!

Give a gift of love 💘

and enjoy our school festival in April.

Rose	$1.00
Carnation	$0.50
Banana Muffin	$0.50
Chocolate chip cookie	$0.25

When: On Thursday, February 14

Time: 9 a.m. until we sell all

Place: The cafeteria

The money from the sales will be a big help for this year's *Spring Go Dance*.

---

(1)   When is the sale?
       1   After school.
       2   In February.
       3   After the festival.
       4   In April.   1 2 3 4

(2)   How much is the total when you buy a rose and a banana
       muffin?
       1 $0.50.
       2 $0.75.
       3 $1.00.
       4 $1.50.   1 2 3 4

長文A
掲示・案内②

「掲示・案内」という短いお知らせ文を読んでいきましょう。

 先に設問を読もう いきなり長文を読み始めるのではなく、まずは設問を読み、長文の内容をつかみましょう。

設問1 When is the flower sale?

フラワーセールは（　　　　　　　）ですか。

選択肢

1　Late March.
　3月下旬。

2　Early spring.
　早春。

3　Late autumn.
　晩秋。

4　Early June.
　（　　　　　　　）上旬。

解答（　　　　　）

 **!注意!**

疑問詞をしっかり
読み取ろう

設問2 When people buy six packages, they can

商品を（　　　　　　　）つ買うと, その人たちは

選択肢

1　get them at $30.
　それらを30ドルで買えます。

2　get a gift.
　贈り物をもらえます。

3　get one more.
　もう一つもらえます。

4　get them at lower price.
　より（　　　　　　　）価格で買えます。

解答（　　　　　）

覚えよう

このように, 設問の
続きを選択肢から
選ぶ問題もあります

Spring Flower Sale

Get fresh and beautiful flowers at low prices!

When: The First Saturday in June

Time: 9 a.m. to 2 p.m.

Place: Gateway Technical College

All of our flower packages will be under $30. They are also great for a gift. If you buy five packages or more, you can get 10% off.

For more information, visit our website:

www.maryanneflowers.com

次のお知らせの内容に関して，*(1)* と *(2)* の質問に対する答えとして最も適切なものを **1,2,3,4** の中から一つ選び，その番号のマークをぬりつぶしなさい。

We need a math teacher!

Are you good at teaching a child?

My son, John, had an accident when he was skiing. He got back home from the hospital last week, but cannot go to school yet. Now he is studying by himself at home and needs a math teacher. John is ten years old.

Days:　　Monday, Wednesday and Friday

Time:　　3:30 p.m. to 5:30 p.m.

Place:　　236 N. Elm Street

Pay:　　$15 an hour

Call me and let's have a talk about it.

262-847-6893

Jessica Gorelick

---

(1) What does John need help with?

    1 Skiing.

    2 Going to school.

    3 Studying math.

    4 Teaching a child.   ①②③④

(2) How much will Jessica pay per week?

    1 $15.

    2 $30.

    3 $60.

    4 $90.   ①②③④

長文B
メール①

続いて「メール文」を読んでいきましょう。メールは1往復のものと1往復半のものがあります。

先に設問を読もう いきなり長文を読み始めるのではなく、まずは設問を読み長文の内容をつかみましょう。

💡 覚えよう

From：送った人
To：宛先
Date：送った日
Subject：タイトル
はメールの最初に
付きます

設問1 What does Abby want?

アビーは（　　　　　　　　　）したいですか。

選択肢　1　To go to a coffee shop.

2　To go to Arizona.

3　To talk to Candy tomorrow.

4　To meet Candy tonight.

解答（　　　　　　）

設問2 When did Candy get home?

キャンディは（　　　　　　　　）家に着きましたか。

選択肢　1　Last Friday.

2　Last Wednesday.

3　On Sunday.

4　On Wednesday.

解答（　　　　　　）

設問3 Where do Abby and Candy plan to meet?

アビーとキャンディは（　　　　　　）会う予定ですか。

選択肢　1　At the coffee shop.

2　At Abby's house.

3　At Candy's house.

4　At school.

解答（　　　　　　）

設問を踏まえて，メール文を読んでいきましょう。

From: Abby Johns
To: Candy Aldridge
Date: September 24
Subject: New coffee shop

Hi Candy,
Are you home? You were out of town last week, right? A new coffee shop opened last Wednesday near my house. Did you know that? I want to visit it. Would you like to try it with me?
Your friend,
Abby

From: Candy Aldridge
To: Abby Johns
Date: September 24
Subject: Love to!

Hi Abby,
I left for Arizona last Friday right after school and just got back on Sunday. I'd love to check out the coffee shop, but I have too much to do today. How about going after school this Wednesday? We can meet at the school gate after our last class. I'm going to try a Caramel Frappuccino, my new favorite.
See you tomorrow,
Candy

次のEメールの内容に関して，*(1)* から *(3)* までの質問に対する答えとして最も適切なものを**1,2,3,4**の中から一つ選び，その番号のマークをぬりつぶしなさい。

From: Jim Zelensky
To: George Gordon
Date: April 3
Subject: Change in work hours

Dear Mr. Gordon,
I'm sorry, but I want to change my work hours. I have to study on Thursday because I have a math test on Friday morning. I talked to Mike, and he will work my hours for me on Thursday and I will work his hours for him on Saturday. Is that okay with you?
Thank you,
Jim

From: George Gordon
To: Jim Zelensky
Date: April 3
Subject: OK

Dear Jim,
Thank you for your e-mail. It's OK. You can change your hours. I will see Mike on Thursday and you on Saturday, right? Our store will have a big sale this weekend, so you'll be busy on Saturday. Good luck with your math test.
Thanks,
George Gordon

(1)   Why does Jim send the e-mail?

    1 To help Mike.

    2 To change a schedule.

    3 To take a test.

    4 To see Mr. Gordon.

(2)   When will Mike work?

    1 On Thursday.

    2 On Friday.

    3 On Saturday.

    4 On Sunday. ①②③④

(3)   On Sunday, Mr. Gordon will

    1 see Mike.

    2 see Jim.

    3 have a test.

    4 have a sale. ①②③④

長文B
メール②

「メール文」を読んでいきましょう。

先に設問を読もう いきなり長文を読み始めるのではなく，まずは
設問を読み長文の内容をつかみましょう。

設問1 What is Leah excited about?
リアは何を楽しみにしているのですか。

選択肢
1 Playing with animals.
2 Getting a job.
3 Having a concert.
4 Getting tickets.

解答（　　　　　）

💡 **覚えよう**

Subject（タイトル）は，
メール文を読む
ヒントになります

設問2 How long will Leah be at Sunrise Pet Care Center?
リアは（　　　　　　　）長く，サンライズ・ペットケアセンターにい
る予定ですか。

選択肢
1 Two and a half months.
2 Three full months.
3 Two days.
4 Until September 3.

解答（　　　　　）

設問3 When will Alex be at Green Hall?
アレックスは（　　　　　　　）グリーンホールにいる予定ですか。

選択肢
1 On June 5.
2 On August 13.
3 On September 3.
4 On most days of the summer.

解答（　　　　　）

設問を踏まえて，メール文を読んでいきましょう。

From: Leah Gross
To: Alex Smith
Date: April 3
Subject: Summer job

Hi Alex,
Listen! I was looking for a summer job, you know? Finally, I got a good one! I will work at Sunrise Pet Care Center in June, July and part of August. The work starts on June 5 and ends on August 13. What are your plans for summer holidays?
Love,
Leah

From: Alex Smith
To: Leah Gross
Date: April 3
Subject: You are so lucky!

Hi Leah,
I am so happy for you because you love animals. I want to work too, but I can't this summer. I have to go to school to join band practice on most days. My brass band will have a concert at Green Hall on September 3. Please come to the concert if you like. I will give you the tickets tomorrow.
See you then,
Alex

次のＥメールの内容に関して，*(1)* から *(3)* までの質問に対する答えとして最も適切なものを1,2,3,4の中から一つ選び，その番号のマークをぬりつぶしなさい。

From: Mick Anderson
To: Virginia Anderson
Date: March 23
Subject: Birthday party!

Hi Grandma,
Mom's birthday is coming soon. Joanna and I want to have a birthday party for her. We are going to invite about ten guests. With you, Grandpa, Joanna, Mom and Dad and me, sixteen people will join the party all together. Can we have the party at your house? It's so much bigger than our apartment.
Love you,
Mick

From: Virginia Anderson
To: Mick Anderson
Date: March 24
Subject: Love it!

Hi Mick,
What a wonderful idea! Of course, you can have the party here! Grandpa is excited about the plan. Please tell us if you need some help. I'm going to make some party food and a cake. I hope we'll have a great day.
Love you too,
Grandma

(1) How many people will there be at the party?

1 Six.

2 Ten.

3 Sixteen.

4 Twenty.

①②③④

(2) Why does Mick want to have the party at his grandparents' house?

1 It's closer.

2 It's warmer.

3 It's cleaner.

4 It's larger.

①②③④

(3) What is Virginia going to do?

1 Go to a party.

2 Visit Mick's apartment.

3 Help her husband.

4 Make a cake.

①②③④

長文C
説明文①

最後に「説明文」を読んでいきましょう。少し長い文章ですが，段落ごとに内容をつかんでいきます。

先に設問を読もう まずは設問を読み，長文の内容をつかみましょう。

覚えよう

段落ごとのまとまりで内容を整理しながら読みます

設問1 Emma's parents bought a new house
エマの両親が新しい（　　　　　　　　）を買ったのは

選択肢
1　more than five years ago.
2　before they moved in July.
3　after school started in August.
4　when school started in spring.

解答（　　　　　　）

設問2 What happened last August?
この前の（　　　　　　　　）月に何が起こりましたか。

選択肢
1　Emma's parents gave her advice.
2　Emma's parents went back to work.
3　Emma's parents said she had to change schools.
4　Emma started to make new friends.

解答（　　　　　　）

設問3 Emma didn't change schools the first year in her new town because
エマは新しい町での最初の1年は（　　　　　　　　）しませんでした。なぜなら

選択肢
1　her mom didn't like the school.
2　she didn't want to leave her old school.
3　she didn't like her new town.
4　her dad didn't like the school.

解答（　　　　　　）

設問4 Why was Emma sad?
エマは（　　　　　　　　）悲しかったのですか。

選択肢
1　She didn't like the new house.
2　She didn't want to live in the city.
3　She wanted to attend her old school.
4　She didn't want to attend middle school.

解答（　　　　　　）

長文を読んでみよう ▶ 設問を踏まえて，説明文を読んでいきましょう。

Changing Schools

Emma was very happy when her parents bought a new house in a new town. They started to look for a house five years ago. They finally found the best house and moved last July.

In August, when her family talked about changing schools in September, Emma really didn't want to leave her school in the city. Because it is close to her parents' office, they said "You don't have to change your school if you don't want to. We can bring you to school by car."

This spring, Emma became eleven years old. Her parents said, "Now you have friends here. You should think about changing to a school in this town."

Emma was very sad, but her parents said, "You will go to junior high school from the fall. Many children at your age in this town will go to the same school. They are from different elementary schools. Everyone will start a new school life, and make new friends in September. So you should too."

欧米をはじめ，海外では学校は9月に始まるのが主流です。

次の英文の内容に関して, *(1)* から *(5)* までの質問に対する答えとして最も適切なもの, または文を
完成させるのに最も適切なものを1,2,3,4の中から一つ選び, その番号のマークをぬりつぶしなさい。

Helping a Hospital Help

One day, Jane's best friend, Kate said, "My brother is sick and has to stay in the hospital. He is still four years old," and started to cry. Jane was sad to hear that.

Two weeks later, Jane visited the hospital with Kate to see her brother. He was getting better. Kate said, "The hospital helped us a lot, but they got no money from us." "That's nice! But why?" asked Jane. Kate answered, "Because it has a special program to help sick children for free."

After she came home, Jane read about the program on the internet. It said, "To help more children for free, the hospital needs more money." Jane learned that and got an idea to give money to the hospital.

The next day, Jane told Kate about it. Then, they talked to their friends and teachers about the idea. And everyone told their friends and families. In the end, people donated* a total of $38,000 to help the hospital.

*donate：寄付する

(1) Kate is

    1 very sick.

    2 four years old.

    3 a friend of Jane's.

    4 in the hospital.   ①②③④

(2) Why was Jane sad?

    1 She felt sick.

    2 She had to see a doctor.

    3 Kate was crying.

    4 Kate's brother was not well.   ①②③④

(3) How much money did the hospital get from Kate's family?

    1 Zero.

    2 Just a little.

    3 Half price.

    4 $38,000.   ①②③④

(4) Jane got to know about the hospital's special program because

    1 she read a book about it.

    2 she visited the hospital.

    3 Kate told her.

    4 the hospital needed money.   ①②③④

(5) What is Jane's idea?

    1 Go to the hospital.

    2 See Kate's brother.

    3 Give money to sick children.

    4 Help the hospital.   ①②③④

長文C
説明文②

学習日

★理解度
□カンペキ!
□もう一度
□まだまだ…

「説明文」を読んでいきましょう。

先に設問を読もう　まずは設問を読み，長文の内容をつかみましょう。

設問1 Who is Sisu?

シスーとは (　　　　　　) ですか。

選択肢
1　A purple toy.
2　A brown dog.
3　An Animal Control officer.
4　A toy dog.

解答 (　　　　　)

設問2 Sisu tried to

シスーがしようとしたことは

選択肢
1　run away from home.
2　go to a shelter.
3　eat a toy.
4　take a toy.

解答 (　　　　　)

設問3 How many times did Sisu go into the store?

シスーは (　　　　　　) 店に入りましたか。

選択肢
1　Twice.
2　Four times.
3　Five times.
4　Ten times.

解答 (　　　　　)

設問4 What did Samantha do?

サマンサは (　　　　　　) をしましたか。

選択肢
1　Buy a toy.
2　Call the store.
3　Name a dog.
4　Post a story.

解答 (　　　　　)

A Famous Dog and Friend

Sisu is a big brown dog. Once he had no home, no family and no name.

One day, Sisu went into a store in North Carolina. There he found a friend, a big purple toy unicorn*. Sisu took the unicorn in his mouth and tried to leave with it. But the staff* found him and got the toy back. Sisu ran away, but soon came back to get his friend, the unicorn. The same thing happened five times.

Samantha Lane, an Animal Control* officer, got a call from the store. Her job is to take care of animals. The animals have no home and no family, same as Sisu.

Samantha went to the store and bought the unicorn for $10. She gave it to Sisu and took him to a dog shelter*. The shelter gave the name "Sisu" to him, and posted* the story of Sisu and his friend, the purple unicorn, on SNS. They soon became famous and got a new home and family!

*unicorn：一角獣，ユニコーン
*staff：店員
*Animal Control：動物管理局

*shelter：保護施設
*post：投稿する

次の英文の内容に関して，*(1)* から *(5)* までの質問に対する答えとして最も適切なもの，または文を完成させるのに最も適切なものを**1,2,3,4**の中から一つ選び，その番号のマークをぬりつぶしなさい。

A little girl saved her brother

Madison was looking at Colt, her younger brother. Colt is three years old, and playing with a toy then. He took something out of his toy and put it into his mouth. "Oh, no!" said Madison, and she ran to their mother.

Madison shouted, "Mommy, Colt ate a coin!" Their mother ran to Colt. When she saw the toy, she couldn't find something in it. "It's not a coin! It's a coin battery*!" She called Poison Control center* right away. They answered the phone and said to her, "Give Colt some honey* and bring him to the hospital soon."

When a battery goes into our body, it's very bad for us. If we take honey, the honey stays around the battery and protect* our body a little.

Doctors worked hard to take the battery out of Colt. Because his sister ran for help very quickly, he was fine.

*coin battery：ボタン電池
*Poison Control center：毒物管理センター
*honey：ハチミツ
*protect：(～を)守る

(1) Who is Madison?
    1   Colt's mother.
    2   Colt's toy.
    3   Colt's sister.
    4   Colt's brother.   ① ② ③ ④

(2) What did Colt do?
    1   He ate a battery.
    2   He found a coin.
    3   He ran to his mother.
    4   He called.   ① ② ③ ④

(3) Colt got the battery from
    1   his sister.
    2   his mouth.
    3   a coin.
    4   his toy.   ① ② ③ ④

(4) Where did the mother take Colt?
    1   To a honey shop.
    2   To Poison Control center.
    3   To the hospital.
    4   To the doctor's house.   ① ② ③ ④

(5) Why did Colt need to take honey?
    1   To take the battery out.
    2   To be a little safer.
    3   Because it's delicious.
    4   Because he was hungry.   ① ② ③ ④

リスニング第1部
会話の続きを選ぶ①

4級のリスニングには,第1部・第2部・第3部があります。まずは第1部を練習していきましょう。第1部は,イラストを見ながら2人の会話を聞き,最後の応答を選ぶ問題です。

!注意!
問題用紙にはイラストしか印刷されていません

状況を把握しよう 放送を聞く前に,問題用紙に印刷されているイラストを見て,どんな状況なのかを把握しておきましょう。

考えてみよう イラストを見て,わかることに丸を付けましょう。

①場所はどこ? 校庭 ・ ジム ・ 家
②男性の様子は?

ランニングをしている ・ 食事を終えた ・ 仕事をしている

!注意!
空の皿があるので,「食事」に関する話題だと予想できます

音声を聞いて,問題を解いてみよう 解答(　　　　)

TR 01

読まれた英文 もう一度音声を聞き,空欄をうめましょう。

A:How was the spaghetti?

B:It was (　　　　　　　), Mrs. Baker.

A:Now, (　　　　　　) you like something to drink?

1 Sure, here you are.

2 Oh, see you later.

3 Yes, please.

日本語訳

A:スパゲティはどうだった?

B:すばらしかったです,ベイカーさん。

A:さて,何か飲み物はいかが?

1 もちろん,はいどうぞ。

2 ああ,またね。

3 はい,お願いします。

イラストを参考にしながら対話と応答を聞き，最も適切な応答を 1, 2, 3 の中から一つ選びなさい。

(1)

① ② ③

(2)

① ② ③

(3)

① ② ③

(4)

① ② ③

(5)

① ② ③

(6)

① ② ③

リスニング第1部
会話の続きを選ぶ②

第1部は，イラストを見ながら2人の会話を聞き，最後の応答を選ぶ問題です。問題用紙にはイラストしか印刷されていません。

> **状況を把握しよう** 放送を聞く前に，問題用紙に印刷されているイラストを見て，どんな状況なのかを把握しておきましょう。

考えてみよう イラストを見て，わかることに丸を付けましょう。

①場所はどこ？　海　・　部屋の中　・　遊園地

②2人は何を見ている？　カレンダー　・　メニュー　・　教科書

！注意！

カレンダーを見ているので，「スケジュール」に関する話題だと予想できます

> **音声を聞いて, 問題を解いてみよう** **解答** (　　　　　)

TR 03

読まれた英文 もう一度音声を聞き，空欄をうめましょう。

A：I'll go to London during summer (　　　　　　　).

B：That's nice. Well, I'll (　　　　　　　) my friend in Tokyo.

A：Really? (　　　　　　) a nice trip.

1　It's hot.

2　You, too.

3　I'll take it.

日本語訳

A：僕は夏休みにロンドンへ行くんだ。

B：すてきね。ええと，私は東京の友達を訪ねるの。

A：本当に？　いい旅を。

1　暑いね。

2　あなたもね。

3　それをください。

イラストを参考にしながら対話と応答を聞き，最も適切な応答を**1,2,3**の中から一つ選びなさい。

(1)

① ② ③

(2)

① ② ③

(3)

① ② ③

(4)

① ② ③

(5)

① ② ③

(6)

① ② ③

PART 32

リスニング第2部
会話の内容を聞き取る①

続いて，第2部を練習していきましょう。第2部では，2人の会話と，その会話の内容についての質問が放送されます。質問に対する答えを，問題用紙に印刷されている4つの選択肢から選びます。

 質問を予想しよう　放送を聞く前に，問題用紙に印刷されている選択肢を見て，質問を予想しましょう。

1 For one day.	**2** For three days.
3 For four days.	**4** For one week.

考えてみよう　選択肢を見て，質問されることを予想しましょう。

選択肢**1**の訳は「1日間」　　　選択肢**2**の訳は「3日間」

選択肢**3**の訳は（　　　　　　　）　選択肢**4**の訳は（　　　　　　　）

！注意！

選択肢はすべて「期間」なので，「数字」に注意して聞きます

 音声を聞いて，問題を解いてみよう　解答（　　　　　　　）

TR 05

読まれた英文　もう一度音声を聞き，空欄をうめましょう。

A：How was your vacation?

B：Great. I stayed in the U.K. for one week. I visited four cities.

A：Which one did you like the （　　　　　）?

B：London. I stayed （　　　　　） for three days.

QUESTION：（　　　　　） long did the woman stay in the U.K.?

日本語訳

A：休みはどうだった？

B：すばらしかった。イギリスに1週間滞在したの。4つの都市を訪れたよ。

A：どこが一番気に入った？

B：ロンドン。そこには3日間滞在したの。

質問：女性はどのくらいの間イギリスに滞在しましたか。

対話と質問を聞き，その答えとして最も適切なものを**1,2,3,4**の中から一つ選びなさい。

(1)　**1**　Worrying about her.

　　　2　Speaking English.

　　　3　Writing about her dream.

　　　4　Helping her do homework.　①②③④

(2)　**1**　Her friend doesn't come.

　　　2　It's three o'clock.

　　　3　She has no friend.

　　　4　She doesn't want to wait.　①②③④

(3)　**1**　The bike shop.

　　　2　A new bike.

　　　3　The internet.

　　　4　For the first time.　①②③④

(4)　**1**　Play tennis.

　　　2　Take a piano lesson.

　　　3　Help her mother.

　　　4　Rain.　①②③④

(5)　**1**　March 5.

　　　2　March 12.

　　　3　March 15.

　　　4　March 16.　①②③④

(6)　**1**　Two.

　　　2　Three.

　　　3　Four.

　　　4　Five.　①②③④

リスニング第2部
会話の内容を聞き取る②

第2部では，2人の会話と，その会話の内容についての質問が放送されます。質問に対する答えを，問題用紙に印刷されている4つの選択肢から選びます。

質問を予想しよう ◀ 放送を聞く前に，問題用紙に印刷されている選択肢を見て，質問を予想しましょう。

1　He watched TV.	2　He played soccer.
3　He did his homework.	4　He saw a movie.

考えてみよう 選択肢を見て，質問されることを予想しましょう。

選択肢1の訳は「彼はテレビを見た」
選択肢2の訳は「彼はサッカーをした」
選択肢3の訳は「彼は（　　　　　　　）をした」
選択肢4の訳は「彼は（　　　　　　　）を見た」

(!) **注意！**

選択肢はすべてHeのことなので，「彼」の発言に注意して聞きます

音声を聞いて，問題を解いてみよう 解答（　　　　　　）

TR 07

読まれた英文 もう一度音声を聞き，空欄をうめましょう。

A：Did you watch a soccer game on TV（　　　　　　）night?

B：No. I had to do my Japanese homework.

A：Oh, did you（　　　　　）it?

B：Yes, I wrote about my favorite（　　　　　）.

QUESTION：（　　　　　）did the boy do last night?

日本語訳

A：昨夜，テレビでサッカーの試合を見た？

B：ううん。日本語の宿題をしないといけなかったんだ。

A：おや，宿題は終わった？

B：うん，大好きな映画について書いたよ。

質問：男の子は昨夜何をしましたか。

対話と質問を聞き，その答えとして最も適切なものを**1, 2, 3, 4**の中から一つ選びなさい。

(1)　**1**　A new teacher.

　　　2　Their favorite color.

　　　3　Their trip to Canada.

　　　4　The guitar club.　　　　　　　　　　　　　① ② ③ ④

(2)　**1**　At six.

　　　2　At six thirty.

　　　3　At seven.

　　　4　At seven thirty.　　　　　　　　　　　　① ② ③ ④

(3)　**1**　To study after school.

　　　2　To see a movie.

　　　3　To practice chorus.

　　　4　To have a band practice.　　　　　　　　① ② ③ ④

(4)　**1**　Go to the library.

　　　2　Play video games.

　　　3　Study math.

　　　4　Teach the student's brother.　　　　　　① ② ③ ④

(5)　**1**　In the box.

　　　2　In the bag.

　　　3　Under the notebook.

　　　4　By the bag.　　　　　　　　　　　　　　① ② ③ ④

(6)　**1**　Having Australian food.

　　　2　Swimming in the sea.

　　　3　Seeing koalas.

　　　4　Sightseeing.　　　　　　　　　　　　　① ② ③ ④

リスニング第3部
英文の内容を聞き取る①

リスニング第3部は，短い英文が放送されます。その後，英文の内容に関する質問が放送されるので，その答えを問題用紙に印刷されている選択肢の中から選びます。

質問を予想しよう
放送を聞く前に，問題用紙に印刷されている選択肢を見て，質問を予想しましょう。

1	On Tuesday.	2	On Thursday.
3	On Friday.	4	On Sunday.

💡 **考えてみよう** 選択肢を見て，質問されることを予想しましょう。

選択肢1の訳は「火曜日に」　　　選択肢2の訳は「木曜日に」

選択肢3の訳は（　　　　　　　）　選択肢4の訳は（　　　　　　　）

⚠️ 注意！

選択肢はすべて「曜日」なので，「時」を質問されると予想できます

音声を聞いて，問題を解いてみよう 　**解答**（　　　　　）

TR 09

読まれた英文 もう一度音声を聞き，空欄をうめましょう。

On Tuesday, Jane went (　　　　　　　　　) and bought Mike's birthday present. His (　　　　　　　　　) is on Friday, and Jane and her friends will have a birthday party for him on Sunday.

QUESTION：(　　　　　　　) is Mike's birthday?

日本語訳

火曜日，ジェーンは買い物に行って，マイクの誕生日プレゼントを買いました。彼の誕生日は金曜日で，ジェーンと友達は彼のために誕生日パーティーを日曜日に開きます。

質問：マイクの誕生日はいつですか。

英文と質問を聞き，その答えとして最も適切なものを**1, 2, 3, 4**の中から一つ選びなさい。

(1)　1　At a school.

2　At a restaurant.

3　At a library.

4　At a CD shop.　①②③④

(2)　1　On foot.

2　By car.

3　By bike.

4　By bus.　①②③④

(3)　1　Once a week.

2　Twice a week.

3　Three times a week.

4　Four times a week.　①②③④

(4)　1　Because he can't go to her party.

2　Because he bought it on Tuesday.

3　Because he wanted to give it early.

4　Because he likes her.　①②③④

(5)　1　Last week.

2　Last weekend.

3　Next week.

4　Next weekend.　①②③④

(6)　1　His classmates.

2　His pets.

3　His favorite place.

4　His swimming club.　①②③④

リスニング第3部
英文の内容を聞き取る②

リスニング第3部は，短い英文が放送されます。その後，英文の内容に
関する質問が放送されるので，その答えを問題用紙に印刷されている
選択肢の中から選びます。

質問を予想しよう

放送を聞く前に，問題用紙に印刷されてい
る選択肢を見て，質問を予想しましょう。

1 His favorite story.		**2** His future dream.	
3 Today's homework.		**4** A new English teacher.	

 考えてみよう 選択肢を見て，質問されることを予想しましょう。

選択肢1の訳は「彼の大好きな物語」

選択肢2の訳は「彼の将来の夢」

選択肢3の訳は「今日の (　　　　　　) 」

選択肢4の訳は「新しい英語の (　　　　　　) 」

 音声を聞いて，問題を解いてみよう 　解答 (　　　　　　)

TR 11

読まれた英文 　もう一度音声を聞き，空欄をうめましょう。

In today's class, we read the (　　　　　　) about dreams. At
home, write about your dream in your (　　　　　　) and give
it to me in the next English class.

QUESTION: (　　　　　　) is the man talking about?

 覚えよう

「何について話してい
ますか」という質問は
よく出ます

日本語訳
今日の授業では，夢についての物語を読みました。家で，あなたの夢についてノー
トに書いて，次の英語の授業で私に渡しなさい。

質問：男性は何について話していますか。

英文と質問を聞き，その答えとして最も適切なものを **1,2,3,4** の中から一つ選びなさい。

(1) **1** A book.

    2 A bag.

    3 A T-shirt.

    4 A cap.   ①②③④

(2) **1** A bus.

    2 A police car.

    3 A fire truck.

    4 A truck.   ①②③④

(3) **1** Her brother.

    2 The girl.

    3 Her mother.

    4 Her father.   ①②③④

(4) **1** Visit her uncle.

    2 Go to the museum.

    3 Buy clothes.

    4 Study about Canada.   ①②③④

(5) **1** Basketball.

    2 Judo.

    3 Skiing.

    4 Snowboarding.   ①②③④

(6) **1** From 10:00.

    2 From 11:00.

    3 From 13:00.

    4 From 15:00.   ①②③④

おさえておきたい単語

人

parent	親
child	子ども
husband	夫
wife	妻
son	息子
daughter	娘
cousin	いとこ
aunt	おば
uncle	おじ
grandmother	祖母
grandfather	祖父

食べ物

chocolate	チョコレート
pie	パイ
vegetable	野菜
salad	サラダ
spaghetti	スパゲティ
beef	牛肉
chicken	鶏肉
snack	スナック, 軽食
stew	シチュー
hamburger	ハンバーガー
onion	玉ねぎ

sausage	ソーセージ
steak	ステーキ
watermelon	スイカ
salt	塩
butter	バター
sugar	砂糖
tomato	トマト

動物，植物

rose	バラ
tulip	チューリップ
whale	クジラ
dolphin	イルカ
elephant	ゾウ
hamster	ハムスター
penguin	ペンギン
puppy	子犬
horse	馬

形のないもの

problem	問題
fun	楽しみ
idea	考え，思いつき
future	未来，将来
thing	物，事
money	お金
dollar	（米国，カナダなどの貨幣単位）ドル

模擬試験

こた
答えは別冊 P 28～37

本番と同じ形式の模擬試験です。
本番の練習になるように，次の3つを守って解きましょう。
① 筆記試験（96～105ページ）は，35分で解く。
② リスニングテスト（106～109ページ）は，音声を止めないで解く。
③ 筆記試験からリスニングテストまで通して解く。
※解答用紙は別冊の最後のページにあります。

1

次の (1) から (15) までの（　　　）に入れるのに最も適切なものを 1, 2, 3, 4 の中から一つ選び，その番号のマーク欄をぬりつぶしなさい。

(1) Last night, Jenny ate (　　　) at 10:00 p.m. and went to bed at 11:30.

    1 water   **2** dinner   **3** lunch   **4** breakfast

(2) Yosuke likes playing sports. He is going to (　　　) the soccer club in high school.

    1 ride   **2** dance   **3** join   **4** close

(3) *A:* How was the (　　　) in Sydney yesterday?

    B: It was hot and sunny.

    1 food   **2** store   **3** horse   **4** weather

(4) *A:* Are you (　　　), Jill?

    B: Yes, very. Let's go to that cafeteria.

    1 pretty   **2** hungry   **3** lucky   **4** easy

(5) *A:* Who is that woman?

    B: That's Ms. Williams. She's Bob's (　　　).

    1 uncle   **2** son   **3** aunt   **4** brother

(6) *A:* Do you have any plans for the winter (　　　)?

    B: I will go skiing.

    1 vacation   **2** cloud   **3** farm   **4** audience

(7)   Mathew likes to listen to music on the (   ).

       1   dictionary   **2**   newspaper   **3**   radio   **4**   library

(8)   *A:* What time will you (   ) to the station, Dad?

       B: At 6 o'clock. So, I'll be home by 6:30.

       1   get   **2**   play   **3**   say   **4**   bring

(9)   We don't (   ) to cook dinner today because we are going to eat at that new restaurant.

       1   take   **2**   fly   **3**   have   **4**   make

(10)   *A:* Who is that young woman?

       B: She is a Canadian actress. She is famous all (   ) the world.

       1   off   **2**   after   **3**   by   **4**   over

(11)   *A:* Please (   ) hello to your family, Steve.

       B: OK. I will.

       1   talk   **2**   say   **3**   speak   **4**   tell

(12)   *A:* Tom, what do you (   ) of this singer?

       B: Her voice is so beautiful.

       1   ask   **2**   think   **3**   stay   **4**   end

(13)   Casey's sisters are going to go skiing tomorrow. But Casey (   ) go because he is busy.

       1   won't   **2**   isn't   **3**   don't   **4**   aren't

(14)   *A:* (   ) they from America?

       B: Yes, but they speak Japanese very well.

       1   Is   **2**   Are   **3**   Does   **4**   Do

(15)   *A:* Maria, thank you for (   ) me to dinner.

       B: You're welcome.

       1   invite   **2**   invited   **3**   invites   **4**   inviting

次の *(16)* から *(20)* までの会話について，(　　　) に入れるのに最も適切なものを 1, 2, 3, 4 の中から一つ選び，その番号のマーク欄をぬりつぶしなさい。

(16) **Daughter:** Mom, can I go to the park with my friends?

Mother: (　　　　) Kate. Have a good time.

1　That's fine,　　　　　　2　That's not mine,

3　It's raining,　　　　　　4　No, you can't,

(17) **Student:** Mr. Hamilton, I have a question about the report. (　　　　)

Teacher: Sure. What do you want to know?

1　When do you have time?　　2　When did you come to Japan?

3　What is your hobby?　　　　4　Can I talk to you now?

(18) **Boy:** You went hiking yesterday, right? (　　　　)

Girl: It was cloudy all day, but we had fun.

1　When did you come back?　　2　How was it?

3　Where did you go?　　　　　4　What did you eat?

(19) **Man:** Excuse me. Is this the right way to the train station?

Woman: (　　　　) There are three stations around here.

1　How do you feel now?　　　2　Just around that corner.

3　Which one?　　　　　　　4　I went to the station.

(20) **Woman:** I like this shirt, but it's a little big. Do you have a smaller one?

Salesclerk: I think so. (　　　　)

1　Wait a minute, please.　　　2　We sold the last one yesterday.

3　You can buy the bigger one.　4　Maybe next time.

3

次の (21) から (25) までの日本文の意味を表すように①から⑤までを並べかえて □ の中に入れなさい。そして，2番目と4番目にくるものの最も適切な 組み合せを1, 2, 3, 4の中から一つ選び，その番号のマーク欄をぬりつぶしなさい。

※ただし，（　　）の中では，文のはじめにくる語も小文字になっています。

(21) ジェシカは彼女の日本での新しい生活について話しました。

（ ① in　② about　③ new life　④ talked　⑤ her ）

Jessica ☐ ☐(2番目) ☐ ☐(4番目) ☐ Japan.

1 ⑤−①　　**2** ⑤−②　　**3** ②−③　　**4** ②−⑤

(22) テーブルの上には雑誌が何冊ありますか。

（ ① many　② how　③ magazines　④ there　⑤ are ）

☐ ☐(2番目) ☐ ☐(4番目) ☐ on the table?

1 ①−⑤　　**2** ①−④　　**3** ⑤−①　　**4** ③−⑤

(23) 京都は古いお寺で有名です。

（ ① famous　② old temples　③ its　④ is　⑤ for ）

Kyoto ☐ ☐(2番目) ☐ ☐(4番目) ☐ .

1 ①−②　　**2** ①−③　　**3** ②−③　　**4** ⑤−②

(24) ロバートには日本史はそれほど簡単ではありません。

（ ① not　② so　③ for　④ is　⑤ easy ）

Japanese history ☐ ☐(2番目) ☐ ☐(4番目) ☐ Robert.

1 ②−④　　**2** ①−③　　**3** ③−④　　**4** ①−⑤

(25) 健二の高校には，ダンス部がありません。

（ ① have　② a dance club　③ Kenji's　④ doesn't　⑤ high school ）

☐ ☐(2番目) ☐ ☐(4番目) ☐ .

1 ①−②　　**2** ④−①　　**3** ④−②　　**4** ⑤−①

次のちらしの内容に関して，*(26)* と *(27)* の質問に対する答えとして最も適切なもの，または文を完成させるのに最も適切なものを1, 2, 3, 4の中から一つ選び，その番号のマーク欄をぬりつぶしなさい。

You Can Make Japanese Food!

Learn Japanese cooking this summer! Amy's Cooking School has special classes this July.

When: July 1 and July 8 10:00 a.m. to noon
    July 22 11:00 a.m. to 1:00 p.m.

Cost: $20 for one class (If you join all three classes, you get 10% discount!)

Place: Amy's Cooking School
Teacher: Miho Morrison

To join the class, call 123-4568 now!

(26)   What time will the class begin on July 8?

     1   At 10:00.

     2   At 11:00.

     3   At 12:00.

     4   At 1:00.

(27)   To join all of the three classes, you'll pay

     1 $20.

     2 $40.

     3 $54.

     4 $60.

次のＥメールの内容に関して，*(28)* から *(30)* までの質問に対する答えとして最も適切なもの，または文を完成させるのに最も適切なものを **1, 2, 3, 4** の中から一つ選び，その番号のマーク欄をぬりつぶしなさい。

From: Joe Turner
To: Yuna Machida
Date: July 24
Subject: This Saturday

- -

Hi Yuna!
How are you? I hope you are fine. This Saturday, I'm going to go fishing with my brother Kevin and my mother. Won't you join us? My mother and Kevin will drive. We can pick you up at your house at about ten. We'll be back in our town before five o'clock. What do you think? I hope you can come.
Please write back soon,
Joe

From: Yuna Machida
To: Joe Turner
Date: July 24
Subject: Sorry

- -

Hi Joe!
Thank you so much for inviting me to the fishing trip. I really want to go, but I can't. My basketball team is going to have an important game on Sunday, so we're going to practice for it on Saturday. I hope you'll have a good time. Please say hello to your family!
See you,
Yuna

(28) What will Joe do next Saturday?
1 Practice basketball.
2 Drive to the sea.
3 Go fishing.
4 Pick up Yuna.

(29) When will Joe come back to his town?
1 Saturday morning.
2 Saturday afternoon.
3 Sunday morning.
4 Sunday afternoon.

(30) Yuna can't go with Joe because
1 she is sick.
2 she will practice basketball.
3 she doesn't know Kevin.
4 she can't drive a car.

次の英文の内容に関して, *(31)* から *(35)* までの質問に対する答えとして最も適切なもの，または文を完成させるのに最も適切なものを1, 2, 3, 4の中から一つ選び，その番号のマーク欄をぬりつぶしなさい。

Erina's Favorite Subject

Erina is a junior high school student in Shizuoka. Two years ago, she visited Odawara Castle with her parents and brother and learned the history of it. To her, it was really interesting. Japanese history became her favorite subject. Every week, she reads one book on Japanese history.

Yesterday, Erina and her father went to the history museum of her city. Her father paid 500 yen, but Erina didn't have to pay. It's free if you are an elementary or junior high school student and live in the city. She was surprised because the museum was very big. She was there for about four hours but she couldn't see everything. Erina's father paid 700 yen to buy a book on Japanese castles for her.

During the next summer vacation, Erina wants to visit more castles. She is going to visit Sunpu Castle in Shizuoka with her friends. Also, she asked her parents to take her to Okazaki Castle in Aichi. Her mother said, "OK, Erina!"

(31)   How many books on Japanese history does Erina read?

    1 One every day.

    2 One every week.

    3 One every month.

    4 One every year.

(32)   At the city history museum, Erina paid

    1 Nothing.

    2 500 yen.

    3 700 yen.

    4 1,200 yen.

(33)   Why was Erina surprised?

    1 Because her father bought her a book.

    2 Because she read a lot of books.

    3 Because the museum was big.

    4 Because the museum was free.

(34)   Which one did Erina visit first?

    1 Shizuoka Castle.

    2 Odawara Castle.

    3 Sunpu Castle.

    4 Okazaki Castle.

(35)   Who said "OK" to Erina?

    1 Erina's friends.

    2 Erina's brother.

    3 Erina's father.

    4 Erina's mother.

Listening Test

4級リスニングテストについて

このテストは，第1部から第3部まであります。

英文は二度放送されます。

第1部	イラストを参考にしながら対話と応答を聞き，最も適切な応答を1, 2, 3の中から一つ選びなさい。
第2部	対話と質問を聞き，その答えとして最も適切なものを1, 2, 3, 4の中から一つ選びなさい。
第3部	英文と質問を聞き，その答えとして最も適切なものを1, 2, 3, 4の中から一つ選びなさい。

*No. 30*のあと，10秒すると試験終了の合図がありますので，筆記用具を置いてください。

No. 1

TR 14

No. 2

TR 15

No. 3

TR 16

No. 4

TR 17

No. 5

TR 18

No. 6

TR 19

No. 7

TR 20

No. 8

TR 21

No. 9

TR 22

No. 10

TR 23

No. 11

TR 25

1 She wasn't hungry.

2 She felt sick.

3 She had no time.

4 There was no food.

No. 12

TR 26

1 A TV program.

2 Mountain animals.

3 Their favorite sea food.

4 Their homework.

No. 13

TR 27

1 Looking for a cup.

2 Getting a drink.

3 Making lunch.

4 Buying a present.

No. 14

TR 28

1 Sunny.

2 Cloudy.

3 Rainy.

4 Snowy.

No. 15

TR 29

1 She went shopping.

2 She went to the beach.

3 She watched movies.

4 She studied at the library.

No. 16

TR 30

1 Cleaning his room.

2 Moving the sofa.

3 Listening to music.

4 Looking for his dictionary.

No. 17

TR 31

1 $25.

2 $50.

3 $75.

4 $100.

No. 18

TR 32

1 Steven's trip to Japan.

2 Steven's wife's dress.

3 Their plan today.

4 A new restaurant.

No. 19

TR 33

1 The bus was late.

2 He came on foot.

3 He woke up late.

4 He went to the hospital.

No. 20

TR 34

1 Have a piano lesson.

2 Go to *karaoke*.

3 Play soccer.

4 Study for a test.

第3部

No. 21

TR 36
1 Cheese.
2 Drink.
3 A T-shirt.
4 A book.

No. 22

TR 37
1 One.
2 Two.
3 Three.
4 Four.

No. 23

TR 38
1 The woman.
2 The woman's husband.
3 The woman's sister.
4 The woman's brother.

No. 24

TR 39
1 By bus.
2 By car.
3 By bike.
4 On foot.

No. 25

TR 40
1 For one night.
2 For two nights.
3 For three nights.
4 For four nights.

No. 26

TR 41
1 Play the guitar.
2 Clean her room.
3 Study.
4 Read books.

No. 27

TR 42
1 He went to the park.
2 He went to the doctor.
3 He played soccer.
4 He played the piano.

No. 28

TR 43
1 Italian food.
2 French food.
3 Badminton.
4 Volleyball.

No. 29

TR 44
1 $1.
2 $2.
3 $3.
4 $4.

No. 30

TR 45
1 At one.
2 At two.
3 At five.
4 At six.

スピーキングテスト

まず、スピーキングテストの受験サイトにアクセスし、一次試験成績表に印刷してある英検IDでログインします。次に、「4級」を選び、「受験する」をクリックします。

スピーキングテストの流れ

パッセージ（英文）とイラストが書かれた問題カードが表示されます。
その後、面接委員が指示を出します。

❶ 声に出さずにパッセージ（英文）を読む。

> First, please read the passage silently for 20 seconds.
> まず、声を出さずに20秒でこのパッセージを読んでください。

➡ 声に出さずにパッセージを読みます。パッセージは約25語です。

❷ 声に出してパッセージを読む。

> All right. Now, please read it aloud.
> よろしい。では、声に出してパッセージを読んでください。

➡ 声に出してタイトルからはっきりと読み始めます。早く読む必要はありませんが、問題の英文を制限時間内に読み終わるようにします。

❸ パッセージやイラストについて、No.1からNo.3までの質問に答える。

➡ パッセージやイラストに関する質問が出されます。
パッセージやイラストを見ながら、声に出して答えます。

❹ 自分のことについて、No.4の質問に答える。

➡ あなた自身のことについて質問されます。声に出して英語で答えます。
※指示が聞きとれなかったときは、「もう一度聞いてやり直す」ボタンを押します。

Taku's Dream
Taku is in the guitar club. He practices the guitar every day at school.
On Sunday, he plays the guitar at his friend's house. His dream is to
become a good guitar player.

パッセージ（英文）

イラスト

問題カード 下の四角の枠内が受験者に表示される情報です。

Taku's Dream

Taku is in the guitar club. He practices the guitar every day at school. On Sunday, he plays the guitar at his friend's house. His dream is to become a good guitar player.

Questions（質問）

No. 1　Please look at the passage. What is Taku's dream?

No. 2　Where does Taku play the guitar on Sunday?

No. 3　Please look at the picture. What is the girl doing?

No. 4　Do you have a future dream?
　　　Yes. と答えた場合 → What is your dream?
　　　No. と答えた場合 → What do you like to do?

著者

松本恵美子　まつもと えみこ

順天堂大学講師、明治大学法学部兼任講師、中央大学総合政策学部兼任講師。上智大学大学院博士
前期課程修了（言語テスティング／英語教授法）。資格試験対策では主にTOEFL、TOEIC、英検など
を指導する。学生から社会人まで、目標突破へと導く指導が得意。また、全国の大学用教科書の執筆、
監修を務める。著書多数。

書いて覚える
英検®4級　合格ノート 音声DL版

著　者　松本恵美子
発行者　高橋秀雄
発行所　**株式会社 高橋書店**
　　　　〒170-6014 東京都豊島区東池袋3-1-1 サンシャイン60 14階
　　　　電話　03-5957-7103

ISBN978-4-471-27588-4　©MATSUMOTO Emiko　Printed in Japan

PART 1 よく出る動詞①
かたまりで覚える動詞

学習日 ／

★理解度
□カンペキ！
□もう一度
□まだまだ…

動詞だけでは意味が伝わりにくいので，動詞のあとには「目的語（名詞）」が続きます。動詞と目的語をセットにして覚えましょう。

かたまりで覚える動詞

(eat) sandwiches
サンドイッチを食べる

(wash) dishes
皿を洗う

(clean) a room
部屋をそうじする

(drive) a car
車を運転する

(send) an e-mail
メールを送る

learn (English)
英語を学ぶ

meet a (friend)
友達と会う

(buy) a dress
ドレスを買う

(watch) videos
動画を見る

時刻を表す言葉

a.m.	午前	p.m.	午後
in the morning	午前中に	in the afternoon	午後に
in the evening	夕方に	at night	夜に

PART 2 よく出る動詞②
考える・伝える

学習日 ／

★理解度
□カンペキ！
□もう一度
□まだまだ…

何かを考えて伝えるって，とても頭を使うし，勇気がいるものですよね。ここでは「情報を受け取る」「考える」「活動して，伝える」動詞をいくつか紹介します。

My単語メモ
□
□
□
□
□

情報を受け取る動詞

○ see
～を見る，～に会う

(see) a friend
友達と会う

○ listen （注意して）聞く　(listen) to advice アドバイスを聞く
○ ask ～を尋ねる，頼む　ask a question 質問する

考える動詞

○ love
～を愛する，～が大好きである

love him
彼が大好き

○ thank ～に感謝する　thank him (for) the information
情報をくれたことを彼に感謝する
○ feel ～と感じる　(feel) happy 幸せだと思う
feel sad 悲しいと思う

活動して，伝える動詞

○ make
～を作る

make cookies
クッキーを作る

○ visit ～を訪問する　(visit) a zoo 動物園を訪れる
○ enjoy ～を楽しむ　enjoy watching 見るのを楽しむ
○ talk 話す　talk (about) a movie 映画について話す

1

練習問題

(1) 3　**(2)** 1　**(3)** 4　**(4)** 1　**(5)** 2　**(6)** 3

解説

(1) 私はよく祖父母に手紙を送ります。
　▶ **1** ～を買う　**2** ～を洗う　**3** ～を送る　**4** ～を置く
　「手紙」の前に置いて意味が通る動詞はsend「送る」です。
(2) 列車は正午前に東京駅に到着します。
　▶ **1** 到着する　　**2** ～を建てる
　　3 ～を見せる　**4** ～を取る，乗る
(3) A：頭痛がするの。私は風邪をひいていると思うわ。
　B：本当に？　あなたは今，医者に診てもらうほうがいいですよ。
　▶ see a doctorで「医者に診てもらう」という意味です。
(4) A：あなたはひまな時間に，ふだん何をしますか。
　B：私はたいていテレビを見るかラジオを聞きます。
　▶ **1** 聞く　**2** ～を食べる　**3** ～を読む　**4** ～をそうじする
　listen to ～で「～を聞く」という意味です。
(5) 女性：車のかぎを見つけたの？
　男性：うん。僕のかばんの中にあったよ。
　▶ **1** 私はそこへバスで行きました。　**3** それは私のものではありません。　**4** 昨日は雨が降りました。
(6) Mr. Taylor (teaches us English on Fridays).
　▶ 「（人）に（もの）を教える」は〈teach＋人＋もの〉の語順です。

練習問題

(1) 2　**(2)** 1　**(3)** 3　**(4)** 4　**(5)** 1　**(6)** 1

解説

(1) 姉〔妹〕と私はお気に入りのミュージシャンについて話しました。
　▶ **1** 料理した　**2** 話した　**3** 滞在した　**4** 遊んだ
　talk about ～で「～について話す」という意味です。
(2) 私の名前はヒロユキです。私の友達は私をヒロと呼びます。
　▶ **1** ～を呼ぶ　　　**2** ～を見せる
　　3 ～を訪問する　**4** ～をつかまえる
(3) 私の犬は大きくて毛が茶色です。だからくまのように見えます。
　▶ look like ～で「～のように見える」という意味です。
(4) A：私たちは公園をそうじするために，もっとボランティアが必要です。
　B：クラスメートに手伝いを頼みましょう。
　▶ **1** ～を感じる　**2** ～を信じる
　　3 ～を落とす　**4** ～に頼む
(5) 男の子：これは僕の新しい腕時計だよ。どう思う？
　女の子：すてきね。私は好きよ。
　▶ **2** なぜそう思うの？　**3** あなたは何を買いましたか。
　4 あなたはどこへ行くつもりですか。
(6) Please (say hello to your parents).
　▶ 「～によろしくと言う」はsay hello to ～で表します。

PART 3

よく出る名詞①
学校・スポーツ

学習日　★理解度
□カンペキ！
□もう一度
□まだまだ…

4級では，友達同士の会話や，学校に関する話題が多く出題されます。
単語を「学校」，「スポーツ」などのグループに分けて覚えましょう。

My単語メモ
□
□
□

学校

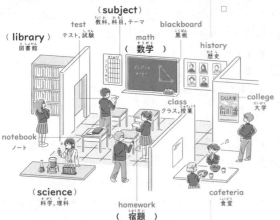

(library) 図書館
test テスト，試験
(subject) 教科，科目，テーマ
math (数学)
blackboard 黒板
history 歴史
class クラス，授業
college 大学
notebook ノート
(science) 科学，理科
homework (宿題)
cafeteria 食堂

スポーツ

badminton	バドミントン	basketball	バスケットボール
golf	ゴルフ	ice skating	アイススケート
racket	ラケット	soccer	サッカー
volleyball	バレーボール	tennis	テニス

16

練習問題

(1) 3　**(2)** 1　**(3)** 2　**(4)** 4　**(5)** 3　**(6)** 4

解説

(1) この秋に英語のスピーチコンテストがあります。私は夏休みに練習するつもりです。
▶ 1 ノート　2 床　3 コンテスト　4 空気
(2) 私の夢は将来プロ野球選手になることです。
▶ 1 夢　2 質問　3 プレゼント　4 宿題
(3) A：あなたは何の教科が好きですか，アン？
B：理科です。私は理科の本を借りるために，よく図書館へ行きます。
▶ to borrow science booksは「理科の本を借りるために」したがって，行く場所は「図書館」です。
(4) A：あなたは私たちの新しい英語の先生について何か知っていますか。
B：はい。彼女の名前はブラウン先生です。彼女はカナダ出身です。
▶ 疑問文で「何か」というときは，anythingを使います。
(5) 男の子：僕たちは明日サッカーの試合をするよ。僕は勝ちたいと思っている。
女の子：がんばって。試合を見るために競技場へ行くわ。
▶ 1 お気の毒。　2 どういたしまして。　4 ありがとう。
(6) （Are you a member of the tennis）club?
▶ 「～のメンバー」はa member of ～で表します。

PART 4

よく出る名詞②
家の中・生活風景

学習日　★理解度
□カンペキ！
□もう一度
□まだまだ…

4級によく出る単語を，場所に分けて覚えましょう。ここでは「家の中」と，街全体の「生活風景」に分けています。

My単語メモ
□
□
□

家の中

bathroom	浴室，トイレ	bedroom	寝室
glass	ガラス，コップ	magazine	雑誌
oven	オーブン	pet	ペット
shower	シャワー	sofa	ソファー

生活風景

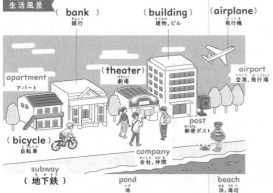

(bank) 銀行
(building) 建物，ビル
(airplane) 飛行機
apartment アパート
(theater) 劇場
airport 空港，飛行場
post 郵便ポスト
company 会社，仲間
(bicycle) 自転車
subway (地下鉄)
pond 池
beach 浜，海辺

dentist	歯医者，歯科医	doctor	医師
scientist	科学者	musician	音楽家
dancer	ダンサー	king	王
writer	作家	waiter	ウェイター
singer	歌手	farmer	農場主

① 注意！

see a doctor
（医者に診てもらう）
と言います

18

練習問題

(1) 2　**(2)** 3　**(3)** 1　**(4)** 3　**(5)** 1　**(6)** 1

解説

(1) 私は郵便局へ行き，切手を買いました。
▶ 1 池　2 郵便局　3 レストラン　4 橋
(2) 私には2人の子どもたち，息子と娘がいます。
▶ childrenはchild（子ども）の複数形です。
(3) 私は初めて神戸を訪れて，その都市がとても気に入りました。
▶ for the first timeで「初めて」という意味です。
(4) A：このフライトはどのくらい長いでしょうか。
B：パイロットは約2時間と考えています。
▶ 1 警察官　2 農場主　3 パイロット　4 医師
flightに関係する職業はパイロットです。
(5) 男の子：明日の天気はどのようですか。
女の子：くもりでしょう。
▶ 2 私は夏が好きです。
3 よい週末を。
4 10時30分です。
weather（天気）について尋ねられて，cloudy（くもった）で答えています。
(6) （The actor is popular all over）the world.
▶ 「世界中で」はall over the worldで表します。

2

PART 5

よく出る名詞③

パソコン・楽しいこと

どんなことをするのが好きですか。ここでは「趣味」などに関する単語を覚えましょう。

パソコン

(computer)
コンピューター

e-mail
(Eメール)

(video)
ビデオ

watch
(時計)

information
(情報)

楽しいこと・趣味

(camping)
キャンプをすること

painting
絵, 絵画, 絵を描くこと

(band)
楽団, バンド

picnic	ピクニック, 遠足	fishing	魚釣り, 漁業
Halloween	ハロウィーン	hobby	趣味
music	音楽	flute	フルート
trumpet	トランペット	clarinet	クラリネット
drums	ドラム	cooking	料理

My単語メモ
□
□
□
□
□
□

PART 6

よく出る熟語①

go, takeを使った熟語

いくつかの語がセットになっているのが熟語です。基本の動詞goとtakeを使った熟語を覚えましょう。

go を使った熟語　goの基本の意味は「行く」です。

go (home)
家に帰る

go (for) a drive
ドライブに行く

go (on) a trip
旅行に行く

| go around | 回る | go back to ~ | ~へ戻る |

take を使った熟語　takeの基本の意味は「取る」です。

take a (picture)
写真を撮る

take a (bath)
風呂に入る

take a (walk)
散歩をする

take a shower	シャワーを浴びる	take a plane	飛行機に乗る
take a taxi	タクシーに乗る	take a bus	バスに乗る
take off ~	~を脱ぐ	take care of ~	~の世話をする

My単語メモ
□
□
□
□
□
□

---

(1) 2　*(2)* 3　*(3)* 1　*(4)* 3　*(5)* 4　*(6)* 3

解説

(1) 昨日はとても寒かったので, 私は自分の部屋でコンピューターゲームをしました。
▶ 1 名前　2 ゲーム　3 文化　4 軽食
(2) 私は週末に, よく父と魚釣りに行きます。
▶ 1 入浴　2 イルカ　3 魚釣り　4 地面
go fishingで「魚釣り(をし)に行く」という意味です。
(3) A：あなたは1人でアメリカ合衆国を旅行したと聞いています。
B：ええ。簡単ではなかったけれども, 私にとってすばらしい経験でした。
▶ 1 経験　2 皿, 料理　3 地図　4 カレンダー
(4) A：この本はとてもおもしろかったよ。君は作者について知ってる?
B：ううん, 知らない。インターネットで調べようよ。
▶ 「インターネットで」は前置詞onを使います。
(5) 女の子：あなたはバンドで何を演奏するの?
男の子：僕はドラムを演奏するんだ。
▶ 1 私はサッカーをしたいです。
2 私はミュージカルを見るのが好きです。
3 僕たちのバンドはメンバーが5人います。
(6) Ann (can play both the guitar and) the violin.
▶ 「~と…の両方」はboth ~ and …で表します。

(1) 3　*(2)* 2　*(3)* 2　*(4)* 2　*(5)* 3　*(6)* 4

解説

(1) 私は今週末, 京都へ旅行に行きます。
▶ go on a tripで「旅行に行く」という意味です。
(2) 私はたいてい午後に1時間散歩します。
▶ in the afternoon「午後に」やin the morning「午前に」というときは, 前置詞inを使います。
(3) A：上着を脱いでください。この部屋の中は暖かいです。
B：わかりました。
▶ take off ~で「(服・くつ・帽子など)を脱ぐ」という意味です。
(4) A：私のカメラを見た? 花の写真を撮りたいの。
B：今朝, テーブルの上にあったよ。
▶ 1 浴室　2 カメラ　3 飛行機　4 ソファー
(5) 店員：いらっしゃいませ。
男性：はい。私は小さいかばんを探しています。妻への贈り物です。黒い色のものはありますか。
▶ 1 訪問してくれてありがとう。　2 見ているだけです。
4 スーパーマーケットはどこにありますか。
(6) Bob (takes care of his dog every) day.
▶ 「~の世話をする, ~の面倒をみる」はtake care of ~で表します。

PART 7 よく出る熟語②
have, getを使った熟語

いくつかの語がセットになっているのが熟語です。基本の動詞haveとgetを使った熟語を覚えましょう。

My単語メモ
□
□
□
□
□

have を使った熟語 haveの基本の意味は「持つ」です。

have a (**time**)
楽しい時を過ごす

have a (**hard**) time
つらい時を過ごす

have a (**cold**)
風邪をひいている

have a good (**idea**)
よい考えがある

get を使った熟語 getの基本の意味は「得る」です。

get (**off**) ～
～から降りる

get (**into**) ～
～の中に入る，
～に乗り込む

get (**up**) ～
起きる，立ち上がる

get to ～	～に着く	get on ～	～に乗る
get home	家に着く，帰宅する	get well	体調が良くなる

24

PART 8 よく出る熟語③
〈be動詞＋形容詞＋前置詞〉の熟語

〈be動詞＋形容詞(good, sickなど)＋前置詞〉の形の熟語もよく出題されます。

My単語メモ
□
□
□
□
□

〈be動詞＋形容詞＋前置詞〉の熟語

○ **be late for ～** ～に遅れる
Jake was (**late**) for school yesterday.
ジェイクは昨日学校に遅れました。

○ **be sick in bed** 病気で寝ている
Jake is (**sick**) in bed today.
ジェイクは今日，病気で寝ています。

○ **be kind to ～** ～に親切である
Grace is (**kind**) to him.
グレースは彼に親切です。

○ **be good at ～** ～が得意である
Grace is good (**at**) cooking.
グレースは料理が得意です。

○ **be ready to ～** ～する準備ができている
I'm ready (**to**) go.
私は出かける準備ができています。
I'm ready for school.
私は学校の準備ができています。

○ **be glad to ～** ～してうれしい
He is (**glad**) to see her.
彼は彼女に会えてうれしいです。

💡 覚えよう
kind of ～
「～の種類」と区別して覚えよう

⚠️ 注意！
toのあとは動詞
forのあとは名詞

時間を表す熟語

all day (long)	一日中	as soon as ～	～するとすぐに
for a **long** time	長い間	at once	直ちに，すぐに，同時に
at **first**	最初は，最初のうちは	at **last**	ついに
at the same time	同時に	for the first time	初めて

26

---

(1) 2　(2) 4　(3) 1　(4) 3　(5) 1　(6) 3

解説

(1) 私はメアリーの誕生日パーティーに行きました。私たちはとても楽しい時間を過ごしました。
▶ have a ～ timeで「～な時を過ごす」という意味です。

(2) 私の母は朝食を作るために朝早く起きます。
▶ get upで「起きる」という意味です。

(3) 女の子：私は今日，家族に夕食を作らなければならないの。母が病気なのよ。
男の子：お気の毒に。お母さんがすぐによくなるといいですね。
▶ **2** ごめんなさい，できません。 **3** あきらめないで。
4 ほかに何かありますか。

(4) A：このバスは市役所へ行きますか。
B：はい。次の停留所で降りるといいですよ。
▶ get offで「（列車，バス，飛行機などから）降りる」という意味です。

(5) 男の子：お兄さん〔弟さん〕は今日何時に帰宅するの？
女の子：わからないわ。彼はそれについて何も言わなかったの。母に聞いてみましょう。
▶ **2** 彼は7時に家を出るでしょう。 **3** 私はそう思いません。
4 彼は昨日，私にそのことを言いました。

(6) My sister (helped me with my homework).
▶「（人）を～で助ける」は〈help＋（人）＋with ～〉で表します。

---

(1) 4　(2) 2　(3) 3　(4) 1　(5) 4　(6) 1

解説

(1) 私の父は料理が得意です。彼はよく私たちにピザを作ってくれます。とてもおいしいですよ。
▶ be good at ～で「～が得意だ，上手だ」という意味です。

(2) ジョンは歴史に興味があります。彼はそれに関する本をたくさん持っています。
▶ be interested in ～で「～に興味がある」という意味です。

(3) グリーン先生はみんなに親切なので，私は彼女が好きです。
▶ be kind to ～で「～に親切だ」という意味です。

(4) A：今日はジェーンを見ていない。どうかしたのかな？
B：彼女は病気で寝ているそうよ。
▶ be sick in bedで「病気で寝ている」という意味です。

(5) 母親：アレックス，今，午前8時よ。学校へ行く準備はできたの？
息子：ちょっと待って，ママ。数学のノートが見つからないんだ。
▶ **1** 外出してはいけません。 **2** 休暇はどうでしたか。
3 早く寝なさい。

(6) This park (is famous for its beautiful) flowers.
▶「～で有名だ」はbe famous for ～で表します。

PART 9

よく出る熟語④
その他の熟語

よく出る熟語はまだあります。ここでは「量を表す熟語」などを覚えましょう。

量を表す熟語

覚えよう
milk(牛乳)や
bread(パン)も
数えられません

water(水)は形のない液体なので、1つ、2つとは数えません（sをつけて複数形にできません）。そのため、水はコップに入った形で数えます。

a glass of **water**	グラス1杯の水
a cup of coffee	カップ1杯のコーヒー
a lot of ~	多くの~
a **piece** of ~	ひと切れの~
a number of ~	多くの~、多数の~

その他の動詞の熟語

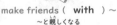

make friends (**with**) ~　(**wake**) up　(**play**) catch
~と親しくなる　目が覚める　キャッチボールをする

become friends with ~	~と友達になる	My単語メモ
wait for ~	~を待つ	□
stay in/at	（場所に）泊まる、滞在する	□
want to ~	~したいと思う	□
arrive at/in	~に着く	□
speak to ~	~に話しかける	□
for **example**	例えば	□
come from ~	~の出身である	

(1) 4 **(2)** 4 **(3)** 1 **(4)** 3 **(5)** 1 **(6)** 2

解説

(1) 新しいクラスメートたちは親切です。私は彼らとすぐ友達になるでしょう。
▶ make friends with ~で「~と親しくなる、友達になる」という意味です。

(2) ルーシーと私はお互いにEメールを送ります。
▶ each otherで「お互い」という意味です。

(3) A：もしもし、アンよ。ごめん、遅れるわ。
B：じゃあ、駅の前のカフェテリアで君を待つよ。
▶ wait for ~で「~を待つ」という意味です。

(4) A：あなたは和食が好きですか。
B：はい、もちろんです。例えば、私は毎朝ご飯を食べます。
▶ for exampleで「例えば」という意味です。

(5) A：あの選手はすばらしいね。彼はどこの出身なの?
B：スペインよ。彼はスペインで有名なサッカー選手よ。
▶ come from ~で「~の出身である、~から来ている」という意味です。

(6) Give (me a glass of water), please.
▶ waterは数えられない名詞で、「グラス1杯の水」はa glass of waterで表します。

PART 10

一般動詞の過去形
「~しました」の文

PART10からは、文法に入ります。まずは動詞の過去形から始めましょう。

動詞の過去形「~しました」

「私は~をしました」のように、過去のことを話すときには、多くの動詞に「-ed」をつけて「過去形」を作ります。

現在形 I play tennis. 私はテニスをします。
↓
過去形 I played tennis yesterday. 私は昨日テニスをしました。
└ 動詞に-edをつける

過去形の文は、yesterday(昨日)や、last week(先週)、in 1990(1990年に)などの過去を表す言葉と一緒に使うことが多いです。

動詞の変化を覚えよう

「-ed」をつける以外にも、動詞を過去形にするルールがあります。
① 動詞に-edをつける
play(~をする)→played
② eで終わる動詞に-dをつける
live(住む)→lived、like(~を好む)→liked
③ yをiに変えて-edをつける
study(~を勉強する)→studied
④ 不規則に変化する
よく出題されます。下の表で覚えておきましょう。

現在形	過去形	現在形	過去形
begin(~を始める)	began	bring(~を持ってくる)	brought
catch(~をつかまえる)	caught	come(来る)	came
do(~をする)	did	drink(~を飲む)	drank
eat(~を食べる)	ate	forget(~を忘れる)	forgot
give(~を与える)	gave	go(行く)	went
say(言う)	said	make(~を作る)	made
sleep(眠る)	slept	see(~を見る)	saw
write(~を書く)	wrote	think(~を考える)	thought

(1) 3 **(2)** 2 **(3)** 1 **(4)** 4 **(5)** 2 **(6)** 1

解説

(1) 私は昨日、祖父に手紙を書きました。
▶ yesterday「昨日」があるので、write「書く」の過去形wroteを入れます。

(2) 私は公園で帽子を見つけて、それを交番へ持っていきました。
▶ broughtが過去形なので、find「見つける」の過去形foundを入れます。

(3) A：すてきなかばんを持っているわね。
B：ありがとう。3日前に母が私に買ってくれたの。
▶ three days ago「3日前に」があるので、buy「買う」の過去形boughtを入れます。

(4) A：夏休みはどうだった?
B：よかったよ。家族とニューヨークに行ったんだ。
▶ wasがあるので、go「行く」の過去形wentを入れます。

(5) 女の子：あなたは昨夜、家にいたの?
男の子：うん。テレビでサッカーの試合を見たよ。
▶ didがあるので、過去形watchedのある文を選びます。

(6) I (got up at seven this) morning.
▶ 「起きました」はgetの過去形を使ってgot upで表します。「~時に」は前置詞atを使います。

be動詞の過去形・過去進行形
「〜していました」の文

be動詞の過去形 be動詞（am, is, are）の場合，am/is→wasに，are→wereにすると過去形になります。

現在形 I <u>am</u> hungry. 私はおなかがすいています。
↓
過去形 I (**was**) hungry this morning.
私は今朝おなかがすいていました。

現在形 The meal <u>is</u> delicious. その食事はとてもおいしいです。
↓
過去形 The meal (**was**) delicious.
その食事はとてもおいしかったです。

現在形 You <u>are</u> wonderful. あなたはすばらしい。
↓
過去形 You (**were**) wonderful yesterday.
あなたは昨日すばらしかった。

💡覚えよう
否定文はbe動詞のあとにnotを入れます
I was not hungry this morning.
（私は今朝おなかがすいていなかった）

💡覚えよう
疑問文はbe動詞を主語の前に出します
Was the meal delicious?
（その食事はおいしかったですか）

過去進行形「〜していました」 be動詞の過去形のあとに，動詞のing形を続けると「過去進行形」を表します。過去進行形とは「過去に進行中だった動作」のことで，「〜していました」という意味になります。

過去形 My mother <u>cooked</u> breakfast for me. 母は私のために朝食を作りました。

過去進行形 My mother was (**cooking**) breakfast for me.
〈be動詞の過去形＋動詞のing形〉
母は私のために朝食を作っていました。

否定文 My mother was (**not**) cooking breakfast for me.
母は私のために朝食を作っていませんでした。

疑問文 (**Was**) my mother cooking breakfast for me?
母は私のために朝食を作っていましたか。

PART 12

未来を表す文
will と be going to 〜

未来を表す表現には，willとbe going to 〜があります。

willの意味：客観的なこれから起こる出来事「〜でしょう」，
自分の意思「〜するつもり」
be going to 〜の意味：自分が「〜する予定です，きっと〜しそうです」

willを使った未来の表現「〜でしょう」「〜するつもり」

未来の文を作るときにはwillを置き，動詞は原形にします。動詞がbe動詞（am/is/are）の場合は，原形のbeになります。

現在形 He <u>is</u> rich. 彼はお金持ちです。
↓
未来 He will (**be**) rich someday. 彼はいつかお金持ちになるでしょう。
（will＋動詞の原形）

未来 I (**will**) drive you to the station.
駅まで車で送るつもりです（送ってあげるよ）。

未来の文は，tomorrow（明日に），in the future（将来に）などの未来を表す語句と一緒に使うことが多いです。

否定文 He (**won't**) be rich. 彼はお金持ちにならないでしょう。

疑問文 (**Will**) he be rich someday? 彼はいつかお金持ちになるでしょうか。

💡覚えよう
will notを短縮してwon'tになります

be going to 〜を使った未来の表現「〜する予定です」

be going toのあとには，動詞の原形を続けます。

現在形 I <u>stay</u> home. 私は家にいます。
↓
未来 I (**am**)(**going**)(**to**) stay home tomorrow.
動詞の原形
私は明日，家にいる予定です。

否定文 I am (**not**) going to stay home tomorrow.
私は明日，家にいる予定ではありません。

疑問文 (**Are**) you going to stay home tomorrow?
あなたは明日，家にいる予定ですか。

---

(1) 2 **(2)** 4 **(3)** 3 **(4)** 3 **(5)** 4 **(6)** 4

解説

(1) 昨夜リサを訪ねたが，そのとき彼女は家にいなかった。
▶ last night「昨夜」があるので過去形wasを入れます。

(2) あなたが私に電話をかけたとき，私と兄〔弟〕はテレビを見ていました。
▶ 主語が複数。wereを入れて過去進行形の文にします。

(3) A：昨日，君の学校の文化祭に行ったよ。ステージでだれが君と歌っていたの？
B：ジャネットよ。彼女は私の同級生なの。
▶ 疑問詞whoが主語の疑問文。wasのあとにsing「歌う」の -ing形singingを入れ，過去進行形の疑問文にします。

(4) A：昨夜のパーティーはどうだった？
B：楽しめなかったよ。あまりに多くの人がいたんだ。
▶ 主語が複数なので，過去形wereを入れます。

(5) 男の子：午前10時に公園でアキラに会った？
女の子：ええ。彼はそのとき，ビルとテニスをしていたの。私は彼と少し話をしたわ。
▶ **1** 私は図書館へ行ったけど，友達に会わなかった。
2 彼は午前中公園へ行かなかった。
3 彼はそのとき，公園にいなかった。

(6) （What <u>were</u> you <u>doing</u> at）noon yesterday?
▶ whatのあとに過去進行形の疑問文を続けます。

---

(1) 2 **(2)** 4 **(3)** 3 **(4)** 4 **(5)** 1 **(6)** 2

解説

(1) ボブが私たちのサッカーチームに加わるといいな。
▶ 原形joinの前にwillを入れて，未来の文にします。

(2) 私は昼食前に部屋をそうじするつもりです。
▶ 〈be going to＋動詞の原形〉の文なので, to cleanを入れます。

(3) A：次の日曜日は何をするつもりなの？
B：大阪にいるおじさんを訪ねるつもりだよ。
▶ 〈be going to＋動詞の原形〉の疑問文で主語がyouなので, areを入れます。

(4) A：デビッドとボブと野球をするつもり？
B：ううん。デビッドは風邪をひいているので来ないよ。
▶ Aが未来の予定を尋ねているので, will not の短縮形won'tを入れます。

(5) 男の子：君はいつか留学するつもり？
女の子：ええ。大学生になったらオーストラリアへ行きたいわ。
▶ **2** どこの出身ですか。 **3** 大学で何を勉強しましたか。
4 夏休みの間にどこへ行きましたか。

(6) （Are <u>you</u> going <u>to</u> leave）home soon?
▶ 〈be going to＋動詞の原形〉の疑問文は，be動詞を主語の前に置きます。

PART 13

助動詞
must「〜しなければならない」

must（〜しなければならない）は，助動詞の一つです。助動詞はほかに can／may／will／would などがあります。ここでは助動詞 must と，have to[has to] について学習しましょう。

💡覚えよう
助動詞はPART17,18 もチェックしよう

must「〜しなければならない」
must には，義務「〜しなければならない」と，推量「〜に違いない」の2つの意味があります。

義務 I (**must**) finish this report by noon.
〈must+動詞の原形〉
私は正午までにこのレポートを終えなければなりません。

推量 You (**must**) be tired after a long trip.
長旅のあとであなたは疲れているに違いない。

must と have to はどちらも「〜しなければならない」の意味ですが，must のほうが強制的な感じが強いと考えておきましょう。must は規則などの文でよく目にします。

💡覚えよう
must は「絶対やるぞ」
have to／has to は「あーあ，やらなくちゃ」

have to「〜しなければならない」

I (**have**)(**to**) finish this report by noon.
〈have to+動詞の原形〉
正午までにこのレポートを終えなくちゃ。

否定文 don't, doesn't を have to の前に入れる。
I don't (**have**)(**to**) reply to his comment.
私は彼のコメントに返事をする必要がありません。

疑問文 do, does で文を始める。
Do I (**have**)(**to**) reply to his comment?
彼のコメントに返事をしなければなりませんか。

PART 14

比較
比べる文

比較級 2つを比べる 形容詞の語尾に-erをつけます。

Peter is (**taller**) than Mike. ピーターはマイクよりも背が高い。
〈比較級（-er）+than+比べる人〉

My computer is (**older**) than yours.
〈比較級（-er）+than+比べるもの〉
私のコンピューターはあなたのものよりも古い。

最上級 3つ以上を比べる 形容詞の語尾に-estをつけます。

Peter is the (**tallest**) of the three.
〈最上級（-est）+of や in〉
ピーターは3人の中で最も背が高い。

① 長い語の変化 -er, -estをつけると長すぎて発音しにくいので，前にmore, mostをつけます。

原級	比較級	最上級
beautiful（美しい）	more beautiful	most beautiful
expensive（高価な）	more expensive	most expensive

② 不規則な変化 よく出題されるので，一つ一つ覚えておきましょう。

原級	比較級	最上級
good（よい）, well（上手に）	better	best
bad（悪い）, ill（病気の）	worse	worst
many（数が多い）, much（量が多い）	more	most
little（少ない）	less	least

原級 as 〜 as …「…と同じくらい〜」の表現を覚えましょう。

This book is (**as**)(**good**)(**as**) that one.
good は原級（もとの形）
この本はあの本と同じくらいよい。

---

(1) 1　**(2)** 4　**(3)** 1　**(4)** 2　**(5)** 4　**(6)** 2

解説

(1) A：図書室で大声で話してはいけません。ここでは静かにしなければなりません。
B：ごめんなさい。
▶ 前の文とのつながりから，must「〜しなければならない」を入れます。

(2) 私は今週中に3冊の本を読まなければなりません。
▶ 空所の後ろが to read なので have を入れます。have to 〜で「〜しなければならない」という意味です。

(3) 私の兄〔弟〕は馬に乗ることができます。
▶ 空所の前に can があるので，原形の ride を入れます。

(4) A：あなたにいくつか質問したいのですが。
B：いいですよ。何を知りたいのですか。
▶ would like to 〜で「〜したいのですが」という意味です。

(5) 男の子：もしもし。ジムです。メアリーをお願いできますか。
女の子：ごめんなさい，彼女は今，外出中です。
▶ 1 どちらさまですか。　2 伝言をお受けしましょうか。
3 あなたの電話を使ってもいいですか。

(6) You (don't <u>have</u> to <u>bring</u> your lunch).
▶ 「〜する必要はない」は have to 〜の否定文 don't have to 〜で表します。

---

(1) 2　**(2)** 3　**(3)** 3　**(4)** 1　**(5)** 3　**(6)** 1

解説

(1) ジムは彼の兄〔弟〕よりずっと速く走ることができます。
▶ than があるので比較級 faster を入れます。

(2) ケイトには2人の姉妹がいます。彼女は3人の中で一番年下です。
▶ the と of the three があるので，最上級を入れます。

(3) A：アンディ，あなたは毎朝ご飯を食べるの？
B：はい。朝食には，パンよりご飯のほうが好きです。
▶ 「AよりBのほうが好き」は，like B better than A で表します。

(4) A：僕は数学が得意じゃない。僕は英語は数学より簡単だと思う。君はどう思う？
B：私には英語は数学と同じくらい難しいわ。
▶ 空所の前後に as があるので原級を入れます。

(5) 男の子：このアルバムの中でどの写真が一番好き？
女の子：1枚目の写真が私のお気に入りよ。私が子どものときに父が撮ったの。
▶ 1 私は動物の写真を撮るのが好きだ。　2 これは私の新しいカメラです。　4 私にはよい写真が1枚もない。

(6) He is (one <u>of</u> the most <u>popular</u> singers) in Japan.
▶ 「最も〜…の1人」は〈one of the+最上級…〉で表します。popular の最上級は most popular です。

PART 15　不定詞・動名詞

〈to＋動詞の原形〉，動詞に～ingがつく形

★理解度
□カンペキ！
□もう一度
□まだまだ…

学習日　／

不定詞 〈to＋動詞の原形〉

❶「～すること」名詞のはたらき

(To) sing a song is very exciting. 歌をうたうことはとてもわくわくします。
〈to＋動詞の原形〉「～すること」

❷「～するための」「～するべき」形容詞のはたらき（前の名詞・代名詞を修飾します）

I have a lot of snacks (to)(eat).
〈to＋動詞の原形〉「～するための」
食べるためのお菓子がたくさんあります。

❸「～するために」副詞のはたらき（前の動詞を修飾します）

He went to school (to)(study).
〈to＋動詞の原形〉「～するために」
彼は勉強するために学校に行きました。

動詞によって不定詞か動名詞かが決まる

動詞によって，不定詞・動名詞のどちらをあとに続けるかが変わります。
動名詞とは，動詞にingをつけた形です。

❶不定詞・動名詞のどちらもあとに続けられる動詞

like to ～/～ing	～することが好き

❷不定詞をあとに続ける動詞

He (wants) to play soccer well. 彼は上手にサッカーをしたいです。

decide to ～	～することを決意する
hope to ～	～することを願う
need to ～	～することが必要だ

❸動名詞をあとに続ける動詞

He (stopped) eating a lot of snacks. 彼はお菓子をたくさん食べるのをやめました。

enjoy ～ing	～するのを楽しむ
finish ～ing	～し終える

PART 16　接続詞

文と文をつなぐ言葉

★理解度
□カンペキ！
□もう一度
□まだまだ…

学習日　／

「文」とは，「主語（～は）＋動詞（～する）」のかたまりのことです。
「接続詞」は，2つの文を結び付けて1つにします。

次の2つの文の間には [　] のような接続詞が入ります。

I like Paul. [　] He is kind.
私はポールが好きです。　彼は優しいです。

and but for or when because if after before

❶ 文を対等に結び付ける接続詞 ふつう文頭にはきません。

I like Paul (and) he is kind. 私はポールが好きで，彼は優しいです。

and	そして	but	しかし
for	だから	or	あるいは

命令文，and／or

Hurry up, (and) you can catch the train.
急ぎなさい，そうすれば電車に間に合うよ。

Hurry up, (or) you will miss the train.
急ぎなさい，さもないと電車に遅れるよ。

❷ 文を主と従で結び付ける接続詞 文頭にくることもあります。

I like Paul (because) he is kind. 私はポールが好き，彼は優しいので。
　　　　　　　従

(Because) Paul is kind, I like him. ポールは優しいので，私は彼が好き。
　従　　　　　　　　　　　　　　　主

when	～するときに	because	～なので
if	もし～ならば	after	～のあとに
before	～の前に		

if「もし～なら」，when「～のときは」

Please help me (if) you are free. もしあなたがひまなら私を手伝って。
条件を表す

(When) I was a child, I was shy. 子どものときは恥ずかしがり屋でした。
時を表す

練習問題

(1) 1　(2) 2　(3) 3　(4) 4　(5) 3　(6) 2

解説

(1) アンは昨日，食べ物を買うためにスーパーマーケットへ行きました。
▶ 空所の前にtoがあるので，原形buyを入れて「買うために」という文にします。

(2) 私は昨夜，レポートを書き終えました。
▶ finishは動名詞のみがあとに続く動詞です。

(3) A：リサ，日本語を話すことは君にとって簡単ですか。
B：いいえ。でも同級生はいつも私を助けてくれます。
▶ 空所には文の主語が入るので，動名詞のspeakingを入れます。

(4) A：私たち家族は大阪へ引っ越すことを決めました。
B：本当？　いつ行くの？
▶ decide to ～で「～することを決める」という意味です。

(5) 男の子：フレッドは来月日本に戻ってくるそうだよ。
女の子：それを聞いてうれしいわ。みんな彼にもう一度会いたいと思っているのよ。
▶ 1 それはいい考えです。　2 彼はどこの出身ですか。　4 彼はいつここへ来ましたか。

(6) There (are many places to visit) in Tokyo.
▶ 「訪れるべき場所」は placesを to visit が後ろから修飾する形で表します。

練習問題

(1) 1　(2) 3　(3) 4　(4) 2　(5) 2　(6) 3

解説

(1) 私の母は家で動物を飼うことが好きではないので，私はペットをまったく飼っていません。
▶ 理由を説明する文が続くので，becauseが入ります。

(2) 質問は難しくありませんでした，それで私は簡単に答えることができました。
▶ soは「それで」という意味の接続詞です。

(3) A：グリーン先生，日本語を上手に話しますね。どこで学んだのですか。
B：私が小学生のとき，家族で日本に住んでいました。
▶ 時の説明をする文が続くので，whenが入ります。

(4) A：映画はとてもおもしろかったわ。
B：うん，僕も楽しんだ。ところで，昼食を食べない？おなかがすいたよ。　A：いいわね。
▶ by the wayで「ところで」という意味です。

(5) 男の子：今週末は何か予定があるの？
女の子：もし晴れなら，キャンプに行くつもりよ。
▶ 1 夏休み中に何をしたの？　3 今，空に多くの星が見えますか。　4 雨降りの日曜日はふだん何をしますか。

(6) Hurry up, (or you'll be late for) the meeting.
▶ 「…しなさい，さもないと～」は〈命令文, or ～〉で表します。

PART 17 会話表現①

許可を取る, お願いする

学習日 ／

★理解度
- □カンペキ!
- □もう一度
- □まだまだ…

許可を取る Can I ~?「~してもいいですか」

「~してもいいですか」のように, してもいいかを相手に尋ねるときには Can I ~? を使います。May I ~? は Can I ~? よりも少し丁寧です。

(Can) I use your desk?
机を使ってもいい?

(May) I use your desk?
机を使用してもよろしいですか。

💡覚えよう

Can I ~? は
「(自分が) ~しても
いい?」
Can you ~? は
「(あなたが) ~してく
れる?」

お願いする Can you ~?「~してもらえますか」

「~してもらえますか」と相手にお願いするときには Can you ~? を使います。Can の過去形 Could を使った Could you ~? は, Can you ~? よりも少し丁寧です。

(Can) you read it for me?
それを読んでくれる?

(Could) you read it for me?
それを読んでいただけますか。

答え方

前向きな場合

Sure. もちろん。	Of course. もちろん。	No problem. いいですよ。

断る場合

Sorry. (ごめんなさい) と言ってから, I'm busy now. (今, 忙しいです) などと理由を続けます。

練習問題

(1) 2 **(2)** 1 **(3)** 4 **(4)** 3 **(5)** 2

解説

(1) 母親：昼食を作っているの。手伝ってくれる?
男の子：ごめん, できないよ, お母さん。今宿題をしているんだ。
▶ **1** 気をつけなさい。
3 今テレビを見てはいけません。
4 お手伝いしましょうか。

(2) 男の子：赤色のペンがない。君のを使ってもいい?
女の子：もちろん, いいわ。はい, どうぞ。
▶ **2** それは私のものではありません。
3 あなたのペンを使いなさい。
4 それはどこにありますか。

(3) 先生：これらの本を今日の授業で使います。教室へ運んでください。
生徒：はい。
先生：ありがとう, トム。
▶ **1** とてもおもしろいです。
2 重いので運ぶことができません。
3 私は昨日全部読みました。

(4) 若者：この上着が気に入ったけど, 僕には少し小さいです。もっと大きいものはありますか。
店員：かしこまりました。すぐにお持ちします。
▶ **1** 一番小さいものをいただけますか。
2 いくらですか。
4 黒色のものはありますか。

(5) 女性：すみません。駅への道を教えていただけますか。
男性：はい。まっすぐ行って2番目の角を左に曲がってください。
女性：ありがとう。
▶ **1** 次のバスは何時に来ますか。
3 あなたはどこへ行きますか。
4 伝言を預かりましょうか。

PART 18

会話表現②
勧める・誘う

★理解度
□カンペキ！
□もう一度
□まだまだ…

学習日

勧める　Do you want 名詞～?「～が欲しいですか」

「～が欲しいですか」のように，相手に何かを勧めるときには〈Do you want 名詞～?〉とします。丁寧な表現にするには〈Would you like 名詞～?〉にします。

Do you (want) some coffee?
コーヒー欲しい？ 名詞

(Would) you like some coffee?
コーヒーはいかがですか。 名詞

💡**覚えよう**

飲みたいときには
Yes, please. など，
断るときには
No, thank you.
などと答えます

誘う　Do you want to 動詞～?「～したいですか」

「～したいですか」と相手を誘いたいときには〈Do you want to 動詞～?〉にします。丁寧な表現にしたいときには〈Would you like to 動詞～?〉にします。

Do you want to go out?　遊びに行きたい？
動詞

Would you (like) to go out?　外に行きませんか。
動詞

Sure.(もちろん), Sounds good.(いいですね) などと答えます。

提案する　How about ～?「～はどうですか」

How about ～? は「～はどうですか」「～はいかがですか」と相手に提案したり，勧めたりする表現です。

How about this ice cream?　このアイスはどう？

(How) about going to the library?　図書館に行くのはどうですか。

That's fine.(いいですね), Sounds good.(いいですね), That's a good idea.(いい考えですね) などと答えます。

46

PART 19

会話表現③
「どこ？」「いつ？」

★理解度
□カンペキ！
□もう一度
□まだまだ…

学習日

疑問詞とはWhen「いつ」, Where「どこ」, Who(Whose)「だれ（の）」, What「何」, Why「なぜ」, How「どのように」, Which「どちら」の7つを指します。
疑問詞はたいてい文頭にきて，疑問文を作ります。

💡**覚えよう**

7つの疑問詞を
しっかり覚えよう

When「いつ？」

「いつ？」と時を尋ねるときはWhenを使います。文頭にWhenを置いて「いつ～しますか」と尋ねる場合は，Whenのあとに一般動詞の疑問文が続きます。

When does the class begin?
授業はいつ始まるの？

Nine o'clock.
9時だよ。(時間を答える)

(When) will you visit your grandmother?
いつおばあちゃんを訪ねますか。

Next month.
来月です。(日付を答える)

Where「どこ？」

「どこ？」と場所を尋ねるときにはWhereを使います。「どこで～しますか」と尋ねる場合は，Whereのあとに一般動詞の疑問文が続きます。

Where did you go in summer?
夏にどこに行ったの？

To Hawaii.
ハワイだよ。(場所を答える)

(Where) do you keep the diamond ring?
ダイヤの指輪をどこにしまっていますか。

In the drawer.
引き出しです。(場所を答える)

48

練習問題

(1) 2　(2) 1　(3) 4　(4) 1　(5) 3

解説

(1) 父親：今日はいい天気だ。昼食後キャッチボールしよう。
　　息子：いい考えだね。公園へ行こうよ。
　▶ 1 午前中は何をするの？　3 外出する必要はないよ。
　　4 君は宿題をしなければなりません。

(2) 男の子：明日映画を見に行くのはどう？
　　女の子：ええ。行きたいわ。何時に待ち合わせしましょうか。
　▶ 2 映画はどうだった？　3 私は明日とても忙しいの。
　　4 あなたはどこへ行ったの？

(3) 男性：何か飲むものはいかがですか，ジェーン。
　　女の子：ありがとう，スミスさん。紅茶をお願いします。
　▶ 1 問題ありません。
　　2 私は食べるものを持っていません。
　　3 はい，どうぞ。

(4) 母親：テッド，カレーをもっと欲しい？
　　息子：ううん，大丈夫。おなかがいっぱいだよ。
　▶ 2 ご飯ももっと欲しいよ。
　　3 カレーを食べなきゃならないんだ。　4 僕もそう思う。

(5) 男の子：あなたの写真を撮りましょうか。
　　女の子：はい，お願いします。こちらが私のカメラです。
　▶ 1 いいえ，やめておきましょう。　2 驚いています。
　　4 心配しないで。

練習問題

(1) 3　(2) 1　(3) 1　(4) 2　(5) 2

解説

(1) 男の子：あれ。僕のペンはどこだ？
　　女の子：見て，机の下にあるわ。
　▶ 1 何を持っているの？　2 何本ペンを持っているの？
　　4 いつペンを買ったの？

(2) 母親：ポール，いつ宿題をするつもりなの？
　　息子：夕食後。
　▶ 2 数学のテストのため。　3 自分の部屋で。　4 先週。

(3) 男の子：グリーン先生はどこに住んでるの？　知ってる？
　　女の子：ええ。彼はアパートに住んでいるの。私の家の近くよ。
　▶ 2 彼は5年前に日本に来ました。　3 彼はオーストラリア出身です。　4 彼は公園でサッカーをします。

(4) 男の子：君はいつバスケットボールを練習するの？
　　女の子：月曜日から木曜日までよ。ときどき日曜日に試合があるわ。
　▶ 1 学校の体育館で。　3 30人のメンバーです。
　　4 彼は私たちのコーチです。

(5) 男性：すみません，博物館はどこにありますか。
　　女性：ごめんなさい。ここはよく知らないのです。あのお店でだれかに尋ねるといいですよ。
　▶ 1 よい1日を。　3 10時15分です。　4 気をつけて。

PART 20 会話表現④
「だれ？」「どうして？」

学習日

★理解度
□カンペキ！
□もう一度
□まだまだ…

Who「だれ？」

「だれ？」と人物を尋ねるときにはWhoを使います。「だれが〜しますか」と尋ねるには、Whoのあとに動詞や助動詞を続けます。

Who is going to close the door?
だれがドアを閉めるのですか。

It's my job.
私の仕事です。

(Who) made this cake?
このケーキはだれが作ったの？

My mother did.
お母さんだよ。

Why「なぜ？」「どうして？」

「なぜ？」「どうして？」と理由を尋ねるときにはWhyを使います。

Why are you here?
なぜここにいるの？

(Why) do you cry?
どうして泣くの？

理由を答えるときにはBecauseを使います。ただし、会話ではBecauseを使わない場合もあります。

Because I'm lost.
迷ったからです。

(Because) I'm hungry.
おなかがすいているからです。

💡覚えよう
単純に理由を尋ねるだけでなく、相手を責める気持ちを含んでいるときもあります

練習問題

(1) 3　**(2)** 2　**(3)** 4　**(4)** 1　**(5)** 3

解説

(1) 男の子：髪の長いあの女の子はだれですか。
女の子：彼女はナンシーよ。よく彼女とテニスをするの。
▶ **1** 私は彼女を知りません。
2 あれは彼女のものではないわ。
4 彼女は18歳です。

(2) 男の子：だれがこのケーキを作ったの？　おいしい。
女の子：私の姉〔妹〕が作ったわ。
▶ **1** 君は何が好きなの？
3 姉妹はいるの？
4 どこでこのテーブルを買ったの？

(3) 男の子：それはだれのコンピューターですか。
女の子：父のものよ。彼はいつも仕事のために使うの。
▶ **1** 彼は私の父です。
2 それは私です。
3 それは高価です。

(4) 男の子：君はなぜ昨日病院に行ったの？
女の子：祖父に会うためよ。彼は元気になってきているの。
▶ **2** バスで。
3 雨が降っていました。
4 母と一緒に。

(5) 男の子：この赤色のカップとあの青色のカップのどちらを買うつもり？
女の子：両方買うつもりよ。赤色は母に、青色は父に。
▶ **1** この赤色のもの。
2 あの青色のもの。
4 何も買わないわ。

PART 21

会話表現⑤

「何?」「どうやって?」

What「何?」

「何?」と尋ねるときにはWhatを使います。

「何をしますか?(しましたか?)」と尋ねたい場合は,Whatのあとに疑問文を続けます。

「何の~?」「どの~?」と尋ねたい場合は,Whatのあとに名詞と疑問文を続けます。

What did you say? 何と言いましたか。
　疑問文

(What) color do you like best? 何色が一番好きですか。
　　　　　名詞　疑問文

ほかにも,Whatを使った表現を覚えましょう。

What time is it? 何時ですか。

「何時に~しますか(しましたか)」と尋ねる場合は,What timeのあとに疑問文を続けます。

(What) (time) did you get up this morning?
今朝何時に起きましたか。

How「どうやって?」

How「どうやって?」は,交通手段などを尋ねるときに使います。

また,How many ~?(いくつ?),How much ~?(いくら?),How long ~?(どれくらい?)などでさまざまなものの数や量を尋ねられます。

How do you go to school? あなたはどうやって学校に行きますか。

By train. 電車です。	On foot. 徒歩です。

How (many) eggs did you use? いくつ卵を使いましたか。
How (much) money did you pay? いくら払いましたか。
How (long) have you been staying here? どれくらいここにいるのですか。

⚠ 注意!

疑問詞で尋ねられたら,Yes, Noではなく具体的に答えます

52

練習問題

(1) 3　(2) 2　(3) 1　(4) 4　(5) 1

解説

(1) 女性:すみません。この赤いバッグが気に入りました。おいくらですか。
店員:25ドルです。
　▶ 1 約1時間です。
　　2 それは私のバッグです。
　　4 私はバッグを2つ持っています。

(2) 男の子:おなかがすいてきた。今何時?
女の子:11時半よ。昼食を食べましょう。
　▶ 1 何歳ですか。
　　3 レストランはどこにありますか。
　　4 あなたは何を持っていますか。

(3) 女の子:新しい図書館へ行こうよ,ジム。英語の本がたくさんあるわ。
男の子:本当? ここからどのくらい遠いの?
女の子:自転車で約10分ぐらいよ。
　▶ 2 何冊本があるの?
　　3 何時に閉まるの?
　　4 君はどこへ行ったの?

(4) 父親:昼食に何が食べたい?
娘:サンドイッチが食べたい。
父親:よし。すぐ作るよ。
　▶ 1 あのレストランが好き。
　　2 料理が上手ね,パパ。
　　3 私はティムと昼食を食べました。

(5) 男の子:元気がなさそうだ,ルーシー。どうかしたの?
女の子:気分が悪い。ダンスの練習には参加できないと思う。
男の子:わかった。すぐ帰宅しなよ。
　▶ 2 天気はどう?
　　3 もちろん。
　　4 楽しんで。

PART 22 並べかえ①
熟語

学習日

★理解度
□カンペキ！
□もう一度
□まだまだ…

4級では，日本文をもとにして，英語を並べかえる問題が出題されます。
答えるのは，2番目と4番目にくるものの組合せです。熟語，不定詞，
比較などの並べかえ問題がよく出るので，しっかり押さえましょう。

💡 **覚えよう**
熟語（PART6〜9），
不定詞（PART15），
比較（PART14）を
復習しよう

主語と動詞の位置を決める

並べかえの問題では，細かい文法事項よりも，基本的な文の構造（主語と
動詞の位置）に注意しましょう。

💡 **考えてみよう** 本番の形式で練習してみましょう。

私たちはテスト勉強をするために，その本を使いました。
（① for ② used ③ study ④ to ⑤ the book）

| We | | 2番目 | | 4番目 | | the test. |

1 ①−④　**2** ②−③　**3** ②−⑤　**4** ⑤−③

① Weが最初にあるので，次には動詞が入ります。
We [used] ___ ___ ___ the test.
主語　動詞

② 〈主語＋動詞〉のあとには，目的語が入ります。
We [used] [the book] ___ ___ the test.
主語　動詞　目的語

③ 残っている語（③study ④to）と，最後のthe testとの関連を考えます。
We [used] [the book] [to] [study] the test.
〈to＋動詞の原形〉

④ 2番目は⑤the book，4番目は③studyなので，④⑤−③が正解です。

PART 23 並べかえ②
疑問詞

学習日

★理解度
□カンペキ！
□もう一度
□まだまだ…

疑問詞のある並べかえ問題もよく出るので，しっかり押さえましょう。

💡 **覚えよう**
会話表現（PART17
〜21）を復習しよう

疑問詞は文のはじめに置くのが基本

疑問詞は，文のはじめにくるのが基本です。疑問詞のあとには，疑問文の形
が続きます。

疑問詞の種類

what	何，何の	who	だれ	whose	だれの，だれのもの
which	どの，どちらの	when	いつ	where	どこで
why	なぜ	how	どのように		

💡 **考えてみよう** 本番の形式で練習してみましょう。

あなたはアメリカで何を勉強しましたか。
（① study ② you ③ what ④ in ⑤ did）

| | | 2番目 | | 4番目 | | the U.S.? |

1 ③−④　**2** ②−③　**3** ⑤−①　**4** ⑤−③

① 選択肢に疑問詞whatがあるので，whatを先頭に置きます。
[What] ___ ___ ___ the U.S.?

② 疑問文の形を続けます。
What [did] [you] [study] ___ the U.S.?
主語　動詞の原形

③ 2番目は⑤did，4番目は①studyなので，③⑤−①が正解です。

〈疑問詞＋●●〉も覚えよう

What food do you like?	あなたは何の食べ物が好きですか。
How **long** is Shinano River?	信濃川はどのくらいの長さですか。
How **often** do you go to the movies?	あなたはどのくらいの頻度で映画に行きますか。
How **old** is the girl?	その女の子は何歳ですか。

練 習 問 題

(1) 4　**(2)** 3　**(3)** 3　**(4)** 1　**(5)** 2

解説

(1) （The bookstore <u>is</u> between <u>the park</u> and） the post office.
　▶「〜は（場所）にあります」は〈〜＋be動詞＋（場所）〉で表します。「〜と…の間に」はbetween 〜 and ... で表します。

(2) He （asked <u>the same</u> question <u>again</u> and） again.
　▶「尋ねました」はaskの過去形askedです。「同じ〜」はthe same 〜で表します。「何度も繰り返し」はagain and againで表します。

(3) Meg （looked <u>sad</u> when <u>I</u> met） her.
　▶「〜に見える」は〈look＋形容詞〉で表します。「〜のとき」は接続詞whenのあとに〈主語＋動詞〉を続けます。

(4) I'll （be <u>happy</u> to <u>join your</u>） basketball team.
　▶I'llはI willの短縮形です。「喜んで〜する」は〈be happy to＋動詞の原形〉で表します。

(5) There （were <u>many</u> people <u>in</u> front） of the building.
　▶「〜がいました」はThere is［are］.の過去の文にします。主語「たくさんの人」はmany peopleで複数なので，be動詞はwereを使いThere were 〜とします。「〜の前に」はin front of 〜で表します。

練 習 問 題

(1) 3　**(2)** 2　**(3)** 2　**(4)** 1　**(5)** 3

解説

(1) （When <u>are</u> you <u>going to</u> travel abroad）?
　▶when「いつ」のあとにbe going to 〜の疑問文are you going to 〜を続けます。「海外旅行をする」はtravel abroadで表します。

(2) （Where <u>did</u> you <u>eat</u> dinner） last night?
　▶where「どこ」のあとにdidで始まる疑問文を続けます。

(3) （What <u>sport</u> will <u>you</u> play） this winter?
　▶what sport「どのスポーツ」のあとに，willで始まる疑問文を続けます。

(4) What （kind of <u>music</u> do <u>you</u> like）?
　▶「どんな種類の〜」はwhat kind of 〜で表します。what kind of music「どんな種類の音楽」のあとに，doで始まる疑問文を続けます。

(5) How （long <u>does</u> it <u>take</u> to get） to the station?
　▶「どのくらい（の時間）」はhow long。「（時間が）かかる」は主語をitにして動詞はtakeを使います。how longのあとにdoesで始まる疑問文を続けます。「〜まで行くのに」→「〜まで行くために」は〈to＋動詞の原形〉を使って，to get to 〜で表します。

13

PART 24

長文A
掲示・案内①

学習日

□カンペキ！
□もう一度
□まだまだ…

★難解度

4級で出題される長文は「掲示・案内」「メール」「説明文」の3種類です。まずは「掲示・案内」という短いお知らせ文を読んでいきましょう。

先に設問を読もう
いきなり長文を読み始めるのではなく，まずは設問を読み，長文の内容をつかみましょう。

設問1 Betty ran away
ベティは～逃げました

選択肢
1　in South Park.
　南（　**公園**　）で。

2　on Sunday evening.
　日曜日の夕方に。

3　with her family.
　家族と一緒に。

4　to her home.
　自分の家へ。

解答（　**1**　）

⚠️ **注意！**
あてはまる日本語訳を考えて入れよう

設問2 What is special about Betty?
ベティの（　**特徴**　）は何ですか。

選択肢
1　She is big.
　彼女は大きいです。

2　She is white.
　彼女は白いです。

3　She is five months old.
　彼女は生後5か月です。

4　She has brown hair.
　彼女は毛が（　**茶色**　）です。

解答（　**4**　）

⚠️ **注意！**
右ページの長文を読んで，設問に対する答えを4つの選択肢から選ぼう

長文を読んでみよう
設問を踏まえて，お知らせ文を読んでいきましょう。

日本語訳

行方不明の子犬

私たちを助けて！
私たちの家族を探しています。

5月17日日曜日の午前10時ごろ，南公園で私たちの犬が逃げました。
彼女の名前はベティです。彼女は小さな茶色の柴犬で約30センチの体高，5キロです。彼女は生後10か月で首に白いリボンをつけています。

もし何かの情報をお持ちの方は，私に電話をしてください。
787-1943
アマンダ・ジョージソン

練習問題

(1) 2　(2) 4

日本語訳

バレンタインデーの贈り物セール
友達や先生にあなたの愛を示しましょう
愛の贈り物を贈り
4月の学園祭を楽しみましょう

バラ　1ドル

カーネーション　0.5ドル

バナナマフィン　0.5ドル

チョコチップクッキー　0.25ドル
時：2月14日木曜日
時刻：午前9時から売り切れまで
場所：カフェテリア
売り上げは今年の春のダンス大会の大きな助けになります。

(1) セールはいつですか。
▶ 1 放課後。
2 2月。
3 学園祭のあと。
4 4月。
when(時)の部分に注目しましょう。

(2) バラを1本とバナナマフィンを1つ買ったときの合計はいくらですか。
▶ 1 0.5ドル。
2 0.75ドル。
3 1ドル。
4 1.5ドル。
バラは1ドル，バナナマフィンは0.5ドルなので，合計は1.5ドルです。

PART 25

長文A
掲示・案内②

学習日	★理解度
/	□カンペキ！
	□もう一度
	□まだまだ…

「掲示・案内」という短いお知らせ文を読んでいきましょう。

先に設問を読もう いきなり長文を読み始めるのではなく、まずは設問を読み、長文の内容をつかみましょう。

設問1 When is the flower sale?
フラワーセールは（ **いつ** ）ですか。

選択肢
1 Late March.
　3月下旬。
2 Early spring.
　早春。
3 Late autumn.
　晩秋。
4 Early June.
　（ **6月** ）上旬。

解答（ **4** ）

⚠️ **注意！**
疑問詞をしっかり読み取ろう

設問2 When people buy six packages, they can
商品を（ **6** ）つ買うと、その人たちは

選択肢
1 get them at $30.
　それらを30ドルで買えます。
2 get a gift.
　贈り物をもらえます。
3 get one more.
　もう一つもらえます。
4 get them at lower price.
　より（ **安い** ）価格で買えます。

解答（ **4** ）

💡 **覚えよう**
このように、設問の続きを選択肢から選ぶ問題もあります

長文を読んでみよう 設問を踏まえて、お知らせ文を読んでいきましょう。

日本語訳

春のフラワーセール

お値打ち価格で新鮮で美しい花を手に入れよう！
時： 6月第1土曜日
時間：午前9時から午後2時
場所：ゲートウェイ工科学校
私たちの花はすべて30ドル以下です。贈り物にも最適です。5品以上の購入で10％割引になります。

より詳しい情報をお知りになりたい方はウェブサイトをご覧ください

www.maryanneflowers.com

63

練習問題

(1) 3　(2) 4

日本語訳

数学の先生が必要です！
子どもを教えるのが得意ですか。

私の息子のジョンは、スキーをしているときに事故にあいました。先週病院から家に戻ってきたのですが、まだ学校へ行けません。今、彼は家で自分で勉強をしていて、数学の先生を必要としています。ジョンは10歳です。
日にち：月曜日、水曜日、金曜日
時間：午後3時30分から午後5時30分まで
場所：エルム通り、北236
報酬：1時間につき15ドル
お電話で話しましょう。
262-847-6893
ジェシカ・ゴアリック

(1) ジョンは何の手伝いが必要ですか。

▶ 1 スキー。
2 登校。
3 数学の勉強。
4 子どもを教えること。
まずタイトルに注目しましょう。「数学の先生が必要」ということです。本文の～ and needs a math teacher. という部分からも判断できます。

(2) ジェシカは1週間にいくら支払いますか。

▶ 1 15ドル。
2 30ドル。
3 60ドル。
4 90ドル。
月曜日と、水曜日、金曜日にそれぞれ2時間ずつなので6時間。$15 an hourは「1時間につき15ドル」ということなので、6時間×15ドルで90ドルになります。

長文 B
メール①

長文を読んでみよう 設問を踏まえて，メール文を読んでいきましょう。

続いて「メール文」を読んでいきましょう。メールは1往復のものと1往復半のものがあります。

先に設問を読もう いきなり長文を読み始めるのではなく，まずは設問を読み長文の内容をつかみましょう。

設問1 What does Abby want?
アビーは（　**何を**　）したいですか。

選択肢
1 To go to a coffee shop.　コーヒー店へ行く。
2 To go to Arizona.　アリゾナへ行く。
3 To talk to Candy tomorrow.　明日キャンディと話す。
4 To meet Candy tonight.　今夜キャンディと会う。

解答（　**1**　）

設問2 When did Candy get home?
キャンディは（　**いつ**　）家に着きましたか。

選択肢
1 Last Friday.　この前の金曜日。
2 Last Wednesday.　この前の水曜日。
3 On Sunday.　日曜日。
4 On Wednesday.　水曜日。

解答（　**3**　）

設問3 Where do Abby and Candy plan to meet?
アビーとキャンディは（　**どこで**　）会う予定ですか。

選択肢
1 At the coffee shop.　コーヒー店で。
2 At Abby's house.　アビーの家で。
3 At Candy's house.　キャンディの家で。
4 At school.　学校で。

解答（　**4**　）

覚えよう

From:送った人
To:宛先
Date:送った日
Subject:タイトル
はメールの最初に付きます

日本語訳

送信者：アビー・ジョーンズ
受信者：キャンディ・アルドリッジ
日付：9月24日
件名：新しいコーヒー店

こんにちは，キャンディ
家にいるの？　あなたは先週町を出ていたわよね。この前の水曜日に新しいコーヒー店が私の家の近くに開店したの。あなたは知ってた？　私はそこを訪れてみたいわ。私と一緒に試しに行ってみない？
あなたの友達

アビー

送信者：キャンディ・アルドリッジ
受信者：アビー・ジョーンズ
日付：9月24日
件名：ぜひ!

こんにちは，アビー
この前の金曜日に学校のすぐあとアリゾナに向かって，日曜に戻ったところ。そのコーヒー店を試してみたいけど，今日はやることがあまりにも多いの。今週水曜日の放課後はどう?　私たちの最後の授業が終わったあと，校門で待ち合わせできるわ。私は新しいお気に入りのキャラメル・フラペチーノを試してみるつもり。
明日またね

キャンディ

66

練習問題

(1) 2　*(2)* 1　*(3)* 4

日本語訳

送信者：ジム・ゼレンスキー
受信者：ジョージ・ゴードン
日付：4月3日
件名：勤務時間の変更

親愛なるゴードン様
すみません，私の勤務時間を変更したいのですが。金曜日の朝に数学の試験があるので，木曜日に勉強しなくてはならないのです。マイクに話したら，私の代わりに木曜日の私の勤務時間に働くとのことなので，私が彼の代わりに土曜日の彼の勤務時間に働きます。よろしいでしょうか。
ありがとうございます。

ジム

送信者：ジョージ・ゴードン
受信者：ジム・ゼレンスキー
日付：4月3日
件名：いいですよ

親愛なるジム
メールありがとう。いいですよ。時間を変更してもよいです。木曜日にマイクに会って，土曜日に君に会うってことですね？私たちの店は今週末に大きな特売があるので，あなたは土曜日は忙しいでしょう。君の数学の試験の幸運を祈るよ。
ありがとう。

ジョージ・ゴードン

---

(1) ジムはなぜメールを送るのですか。
▶ **1** マイクを手伝うため。
2 予定を変更するため。
3 試験を受けるため。
4 ゴードンさんに会うため。
最初のメールがジムから送ったものです。その中に，but I want to change my work hours. とあります。

(2) マイクはいつ働きますか。
▶ **1** 木曜日。
2 金曜日。
3 土曜日。
4 日曜日。
マイクはジムの代わりに働きます。つまり，マイクが働くのは木曜日。

(3) 日曜日，ゴードンさんは
▶ **1** マイクに会います。
2 ジムに会います。
3 試験があります。
4 特売があります。
2つ目のメールの，Our store will have a big sale this weekend, 〜に注目しましょう。

長文B
メール②

「メール文」を読んでいきましょう。

長文を読んでみよう　設問を踏まえて，メール文を読んでいきましょう。

先に設問を読もう　いきなり長文を読み始めるのではなく，まずは
設問を読み長文の内容をつかみましょう。

設問1 What is Leah excited about?
リアは何を楽しみにしているのですか。

選択肢
1　Playing with animals.　動物と遊ぶこと。
2　Getting a job.　仕事を得ること。
3　Having a concert.　コンサートをすること。
4　Getting tickets.　チケットを手に入れること。

解答 （　2　）

設問2 How long will Leah be at Sunrise Pet Care Center?
リアは（ どのくらい ）長く，サンライズ・ペットケアセンターにいる予定ですか。

選択肢
1　Two and a half months.　2か月半。
2　Three full months.　丸3か月。
3　Two days.　2日。
4　Until September 3.　9月3日まで。

解答 （　1　）

設問3 When will Alex be at Green Hall?
アレックスは（ いつ ）グリーンホールにいる予定ですか。

選択肢
1　On June 5.　6月5日。
2　On August 13.　8月13日。
3　On September 3.　9月3日。
4　On most days of the summer.　夏のほとんどの日。

解答 （　3　）

覚えよう

Subject（タイトル）は，
メール文を読む
ヒントになります

日本語訳

送信者：リア・グロス
受信者：アレックス・スミス
日付：4月3日
件名：夏の仕事

こんにちは，アレックス
聞いて！　私は夏の仕事を探していたのよね。とうとういいのがあったわ！　私は6月，7月と8月の一部にサンライズ・ペットケアセンターで働くわ。仕事は6月5日に始まって，8月13日に終わるの。あなたの夏休みの予定は？
愛をこめて
リア

送信者：アレックス・スミス
受信者：リア・グロス
日付：4月3日
件名：とても運がいいね！

こんにちは，リア
君は動物が大好きだから，僕もうれしいよ。僕も働きたいけど，今年の夏は無理なんだ。ほとんどの日，僕はバンドの練習に参加するために学校へ行かなくてはならないんだ。僕のブラスバンドは，9月3日にグリーンホールでコンサートを開く予定だよ。もしよかったらコンサートに来て。明日君にチケットをあげるね。
それじゃあ
アレックス

70

(1) 3　**(2)** 4　**(3)** 4

日本語訳

送信者：ミック・アンダーソン
受信者：バージニア・アンダーソン
日付：3月23日
件名：誕生日パーティー！

こんにちは，おばあちゃん
ママの誕生日がもうすぐやってきます。ジョアンナと僕は彼女のために誕生日パーティーを開きたいんだ。だいたい10人のお客さんを招待するつもり。それとおばあちゃん，おじいちゃんとジョアンナとママとパパと僕で16人がパーティーに一緒に集まるよ。おばあちゃんの家でパーティーを開いてもいい？　僕たちのマンションよりもずっと大きいから。
愛しています
ミック

送信者：バージニア・アンダーソン
受信者：ミック・アンダーソン
日付：3月24日
件名：とてもいいわね！

こんにちは，ミック
なんてすばらしいアイデアなの！　もちろん，ここでパーティーを開いてもいいわよ。おじいちゃんはその計画にわくわくしています。手伝いが必要だったら言ってね。パーティーの食べ物とケーキを作ろうと思うの。すばらしい日になることを願ってるわ。
私も愛しています
おばあちゃん

(1) パーティーには何人の人がいるでしょうか。
- ▶ **1** 6人。
- **2** 10人。
- **3** 16人。
- **4** 20人。

最初のメールの，sixteen people will join the party all together. に注目しましょう。

(2) ミックはなぜ祖父母の家でパーティーをしたいのですか。
- ▶ **1** より近いから。
- **2** より暖かいから。
- **3** よりきれいだから。
- **4** より大きいから。

最初のメールにある，It's so much bigger than our apartment. がその理由です。

(3) バージニアは何をするつもりですか。
- ▶ **1** パーティーに行くつもり。
- **2** ミックのマンションを訪れるつもり。
- **3** 自分の夫を手伝うつもり。
- **4** ケーキを作るつもり。

2つ目のメールのI'm going to make some party food and a cake. に注目しましょう。

PART 28 長文C
説明文①

最後に「説明文」を読んでいきましょう。少し長い文章ですが、段落ごとに内容をつかんでいきます。

先に設問を読もう まずは問題を読み、長文の内容をつかみましょう。

設問1 Emma's parents bought a new house
エマの両親が新しい（ **家** ）を買ったのは
選択肢
1 more than five years ago. 5年以上前に。
2 before they moved in July. 7月に引っ越す前に。
3 after school started in August. 8月に学校が始まったあとで。
4 when school started in spring. 春に学校が始まったときに。
解答（　2　）

覚えよう
段落ごとのまとまりで内容を整理しながら読みます

設問2 What happened last August?
この前の **8** 月に何が起こりましたか。
選択肢
1 Emma's parents gave her advice. エマの両親は彼女に助言した。
2 Emma's parents went back to work. エマの両親は仕事に戻った。
3 Emma's parents said she had to change schools. エマの両親はエマに転校しなくてはならないと言った。
4 Emma started to make new friends. エマは新しい友達を作り始めた。
解答（　3　）

設問3 Emma didn't change schools the first year in her new town because
エマは新しい町での最初の1年は（ **転校** ）しませんでした。なぜなら
選択肢
1 her mom didn't like the school. お母さんがその学校を好きではなかったから。
2 she didn't want to leave her old school. 元の学校を離れたくなかったから。
3 she didn't like her new town. 新しい町が好きではなかったから。
4 her dad didn't like the school. お父さんがその学校を好きではなかったから。
解答（　2　）

設問4 Why was Emma sad?
エマは（ **なぜ** ）悲しかったのですか。
選択肢
1 She didn't like the new house. 新しい家が好きではなかったから。
2 She didn't want to live in the city. その市に住みたくなかったから。
3 She wanted to attend her old school. 元の学校に通いたかったから。
4 She didn't want to attend middle school. 中学校に通いたくなかったから。
解答（　3　）

74

長文を読んでみよう 設問を踏まえて、説明文を読んでいきましょう。

日本語訳

> **転校**
> エマは、新しい町に両親が新しい家を買ってとてもうれしかった。彼らは5年前に家を探し始めました。彼らはついに最適な家を見つけてこの前の7月に引っ越しました。
> 8月、家族が9月の転校について話したとき、エマはほんとうにその市の学校を離れたくありませんでした。学校が両親の会社の近くなので、「もし転校したくなければする必要はないよ。車で学校へ送ってあげられるよ。」と彼らは言いました。
> この春、エマは11歳になりました。両親は、「さあ、君はここに友達がいる。この町で転校することを考えるべきだよ。」と言いました。
> エマはとても悲しかったですが、両親は「秋から君は中学校へ行くね。この町の同じ年の子どもたちが同じ学校に行くだろう。彼らは別々の小学校から来るんだ。みんな9月に新しい学校生活を始め、新しい友達を作り始めるんだ。だから君もそうすべきだよ。」と言いました。

75

練習問題

(1) 3　**(2)** 4　**(3)** 1　**(4)** 3　**(5)** 4

日本語訳

> **病院の助けを助ける**
>
> ある日、ジェーンの親友のケイトが、「私の弟が病気で、病院にいなくてはならないの。彼はまだ4歳なのよ。」と言って泣き始めました。ジェーンはそれを聞いて悲しかったです。
> 2週間後、ジェーンはケイトの弟を見舞いに、ケイトと一緒に病院を訪れました。彼はよくなりつつありました。ケイトは、「病院はたくさん私たちを助けてくれるけど、私たちからお金をもらわなかったの。」と言いました。「それはすばらしいわ。でもなぜ？」とジェーンは尋ねました。ケイトは、「無料で病気の子どもたちを助ける特別なプログラムがあるからよ。」と答えました。
> 帰宅後、ジェーンはインターネットでそのプログラムについて読みました。「無料でより多くの子どもたちを助けるには、病院にはもっと多くのお金が必要です。」 ジェーンはそのことを知り、病院にお金を与える考えを思いつきました。
> 次の日、ジェーンはそのことをケイトに話しました。それから、彼女らはその考えを友達と先生に話しました。すると、みんなが自分たちの友達と家族に話しました。とうとう、人々は病院を助けるために総額3万8000ドルを病院に寄付しました。

20

(1) ケイトは
▶ 1 重い病気です。　2 4歳です。
3 ジェーンの友達です。　4 病院にいます。
本文最初の行に、Jane's best friend, Kate（ジェーンの親友のケイト）とあります。

(2) なぜジェーンは悲しかったのですか。
▶ 1 気分が悪かった。　2 医者に診てもらわなくてはならなかった。　3 ケイトが泣いていた。　4 ケイトの弟が体調が悪かった。
Jane was sad to hear that. に注目します。このthatはその前のケイトの発言を指します。

(3) 病院はケイトの家族からいくらもらいましたか。
▶ 1 0。　2 ちょっとだけ。　3 半額。　4 3万8000ドル。
but they got no money from us. の部分に注目します。

(4) ジェーンはその病院の特別プログラムについて知るようになりました。なぜなら
▶ 1 それを本で読んだ。　2 その病院を訪れた。　3 ケイトが彼女に話した。　4 病院がお金を必要とした。
But why? と尋ねたジェーンに対して、ケイトが答えているという流れをつかみましょう。

(5) ジェーンの考えは何ですか。
▶ 1 病院へ行く。　2 ケイトの弟に会う。　3 病気の子どもたちにお金をあげる。　4 病院を助ける
Jane learned that and got an idea to ～の部分に注目します。

長文C 説明文②

学習日 ／

★暗記度
□カンペキ！
□もう一度
□まだまだ…

「説明文」を読んでいきましょう。

先に設問を読もう まずは設問を読み、長文の内容をつかみましょう。

長文を読んでみよう 設問を踏まえて、説明文を読んでいきましょう。

覚えよう
タイトルは長文の内容をひとことでまとめたもの。長文を読むためのヒントになります

設問1 Who is Sisu?
シスーとは（ だれ ）ですか。
選択肢
1 A purple toy. 紫のおもちゃ。
2 A brown dog. 茶色の犬。
3 An Animal Control officer. 動物管理局の管理者。
4 A toy dog. おもちゃの犬。
解答（ 2 ）

設問2 Sisu tried to
シスーがしようとしたことは
選択肢
1 run away from home. 家から逃げる。
2 go to a shelter. 保護施設に行く。
3 eat a toy. おもちゃを食べる。
4 take a toy. おもちゃを取る。
解答（ 4 ）

設問3 How many times did Sisu go into the store?
シスーは（ 何回 ）店に入りましたか。
選択肢
1 Twice. 2回。
2 Four times. 4回。
3 Five times. 5回。
4 Ten times. 10回。
解答（ 3 ）

設問4 What did Samantha do?
サマンサは（ 何 ）をしましたか。
選択肢
1 Buy a toy. おもちゃを買った。
2 Call the store. 店に電話をした。
3 Name a dog. 犬に名前をつけた。
4 Post a story. 物語を投稿した。
解答（ 1 ）

日本語訳

有名な犬と友達

シスーは大きな茶色の犬です。かつて彼には家がなく、家族も名前もありませんでした。

ある日シスーはノースカロライナのある店に入りました。そこで彼は、ある友達、大きな紫の一角獣のおもちゃを見つけました。シスーはその一角獣を口にくわえて去ろうとしました。しかし、職員が彼を見つけてそのおもちゃを取り返しました。シスーは走って逃げましたが、友達である一角獣を取りにすぐに戻ってきました。同じことが5回起こりました。

動物管理局のサマンサ・レーンは店からの電話を受けました。彼女の仕事は動物たちの世話をすることです。その動物たちはシスーのように家も家族もありません。

サマンサは店に行って、10ドルでその一角獣を買いました。彼女はそれをシスーに与え、彼を犬の保護施設に連れて行きました。その保護施設は「シスー」という名前を彼につけ、シスーとその友達である紫の一角獣の話をSNSに投稿しました。彼らはすぐに有名になり、新しい家と家族を手にしたのです！

練習問題

(1) 3　(2) 1　(3) 4　(4) 3　(5) 2

日本語訳

小さな少女が弟を救った

マジソンは弟のコルトを見ていました。コルトは3歳で、そのときおもちゃで遊んでいました。彼はおもちゃから何かを取り出して、それを口の中に入れました。「ああ、だめ」とマジソンは言って、お母さんのところへ駆け寄りました。

マジソンは「ママ、コルトが硬貨を食べちゃった！」と大声で言いました。彼らの母はコルトのところへ駆け寄りました。彼女がおもちゃを見たとき、その中に見つけられないものがありました。「硬貨じゃない！ ボタン電池だわ！」彼女はすぐに毒物管理センターに電話しました。彼らは電話に出て「コルトにハチミツを与えて、すぐに病院へ連れて行って。」と言いました。

電池が私たちの体に入ると、私たちにとってとても悪いのです。ハチミツを食べれば、ハチミツが電池の周りにとどまって、私たちの体を少し守ってくれます。

医者たちはコルトから電池を取り出すために、一生懸命に働きました。彼のお姉さんがとても素早く助けに駆け寄ったので、彼は無事でした。

(1) マジソンとはだれですか。
▶ 1 コルトの母親。　　2 コルトのおもちゃ。
3 コルトのお姉さん。　4 コルトのお兄さん。
本文の最初の文に注目します。「弟であるコルト」とあるので、コルトから見るとお姉さんです。

(2) コルトは何をしましたか。
▶ 1 彼は電池を食べました。
2 彼は硬貨を見つけました。
3 彼はお母さんのところに駆け寄りました。
4 彼は電話をしました。

(3) コルトは電池を取りました
▶ 1 彼のお姉さんから。　2 彼の口から。
3 硬貨から。　　　　　4 彼のおもちゃから。

(4) 母親はコルトをどこに連れて行きましたか。
▶ 1 ハチミツ店。　2 毒物管理センター。
3 病院。　　　　4 医者の家。
毒物管理センターの人たちが、bring him to the hospital soon. と言っています。

(5) コルトはなぜハチミツを食べる必要がありましたか。
▶ 1 電池を取り出すため。
2 少し、より安全になるため。
3 おいしいから。
4 おなかがすいていたから。
If we take honey, 〜の文に注目します。

PART
30
リスニング第1部
会話の続きを選ぶ①

学習日 ／／

★理解度
□カンペキ！
□もう一度
□まだまだ…

4級のリスニングには，第1部・第2部・第3部があります。まずは第1部を練習していきましょう。第1部は，イラストを見ながら2人の会話を聞き，最後の応答を選ぶ問題です。

① 注意！
問題用紙にはイラストしか印刷されていません

状況を把握しよう 放送を聞く前に，問題用紙に印刷されているイラストを見て，どんな状況なのかを把握しておきましょう。

💡 **考えてみよう** イラストを見て，わかることに丸を付けましょう。

①場所はどこ？ 校庭・ジム・ 家
②男性の様子は？
ランニングをしている ・ 食事を終えた ・ 仕事をしている

① 注意！
空の皿があるので，「食事」に関する話題だと予想できます

🔈 **音声を聞いて，問題を解いてみよう** 解答（ 3 ）
TR 01

読まれた英文 もう一度音声を聞き，空欄をうめましょう。

A: How was the spaghetti?
B: It was (**great**), Mrs. Baker.
A: Now, (**would**) you like something to drink?
1 Sure, here you are.
2 Oh, see you later.
3 Yes, please.

日本語訳
A：スパゲティはどうだった？
B：すばらしかったです，ベイカーさん。
A：さて，何か飲み物はいかが？
1 もちろん，はいどうぞ。
2 ああ，またね。
3 はい，お願いします。

82

---

(1) 3　**(2)** 2　**(3)** 1　**(4)** 1　**(5)** 3　**(6)** 2

(1) 放送文
A: Tom, look at that old woman.
B: Oh, she has a very big bag.
A: She looks tired. Shall we help her?
1 Thank you.　2 Here you are.　3 Yes, let's.
日本語訳 A：トム，あの年配の女性を見て。
B：ああ，とても大きなかばんを持っているね。
A：彼女は疲れているようだわ。彼女を手伝いましょうか。
▶ 1 ありがとうございます。　2 こちらです。
3 ああ，そうしよう。

(2) 放送文
A: Mrs. Johnson gave me these oranges.
B: Those look delicious.
A: Would you like some?
1 Yes, I don't like oranges.　2 Yes, please.
3 No, how much is it?
日本語訳 A：ジョンソンさんがこれらのオレンジをくれたの。
B：それらはおいしそうだね。
A：いくつか欲しい？
▶ 1 うん，オレンジは好きではないんだ。
2 うん，お願いします。　3 いいえ，いくらだい？

---

(3) 放送文
A: When is our summer camp?
B: It's from August third to August fifth.
A: From Friday to Sunday, right?
1 That's right.　2 I can't go camping on Sunday.
3 Certainly.
日本語訳 A：夏のキャンプはいつだっけ？
B：8月3日から8月5日よ。
A：金曜日から日曜日だね？
▶ 1 そうよ。　2 日曜日はキャンプに行けないんだ。
3 もちろんです。

(4) 放送文
A: Are these potato chips a new product?
B: Yes. Let's try some.
A: Thanks. Oh, it's good. Where did you buy it?
1 At the Samson supermarket.
2 Yesterday.　3 My mother bought it for me.
日本語訳 A：このポテトチップスは新製品かい？
B：そうよ。少し食べてみましょう。
A：ありがとう。おお，おいしい。どこで買ったの？
▶ 1 サムソンスーパーマーケットよ。
2 昨日よ。　3 母が私に買ってくれたの。

(5) 放送文
A: Good morning, Charles.
B: Good morning, Alice. How was your weekend?

A: Good. I went shopping with my friends. How about you?
1 I wanted to go shopping with you.
2 It was rainy this weekend.
3 I went to the rock concert. It was really exciting.
日本語訳 A：おはよう，チャールズ。
B：おはよう，アリス。週末はどうだった？
A：よかったわ。友達と買い物に行ったの。あなたは？
▶ 1 君と買い物に行きたかったよ。　2 今週末は雨だったね。
3 ロックコンサートに行ったんだ。とても興奮したよ。

(6) 放送文
A: Can I sit here?
B: Of course.
A: I often see you in this park. Do you run every day here?
1 Yes, on Tuesdays and Saturdays.
2 Yes, but I don't run on rainy days.
3 No, I like running.
日本語訳 A：ここに座ってもいいですか。
B：もちろんです。
A：あなたをこの公園でよく見かけます。ここで毎日走っているのですか。
▶ 1 ええ，火曜日と土曜日です。
2 ええ，でも雨の日は走りません。
3 いいえ，走るのは好きなのです。

リスニング第1部
会話の続きを選ぶ②

★習日

★理解度
□カンペキ！
□もう一度
□まだまだ…

第1部は，イラストを見ながら2人の会話を聞き，最後の応答を選ぶ問題です。問題用紙にはイラストしか印刷されていません。

状況を把握しよう 放送を聞く前に，問題用紙に印刷されているイラストを見て，どんな状況なのかを把握しておきましょう。

考えてみよう イラストを見て，わかることに丸を付けましょう。

①場所はどこ？ 海・（部屋の中）・遊園地
②2人は何を見ている？（カレンダー）・メニュー・教科書

⚠注意！
カレンダーを見ているので，「スケジュール」に関する話題だと予想できます

音声を聞いて，問題を解いてみよう 解答（ 2 ）

読まれた英文 もう一度音声を聞き，空欄をうめましょう。

A: I'll go to London during summer (**vacation**).
B: That's nice. Well, I'll (**visit**) my friend in Tokyo.
A: Really? (**Have**) a nice trip.

1 It's hot.
2 You, too.
3 I'll take it.

日本語訳
A：僕は夏休みにロンドンへ行くんだ。
B：すてきね。ええと，私は東京の友達を訪ねるの。
A：本当に？ いい旅を。
1 暑いね。
2 あなたもね。
3 それをください。

---

(3) 放送文

A: Hello. This is Alex speaking.
B: Hello, Alex. This is Ella. Do you have time this afternoon?
A: Yes, but why?
1 I have no time to see you.
2 Because it will rain this afternoon.
3 I have two tickets for a movie. Can you go with me?

日本語訳 A：もしもし，アレックスです。
B：こんにちは，アレックス。エラよ。今日の午後，時間ある？
A：あるけど，どうしたの？
▶ 1 あなたに会う時間がないの。
2 今日の午後雨が降るからです。
3 映画のチケットが2枚あるの。一緒に行ける？

(4) 放送文

A: Are you ready to order?
B: Yes, I'd like curry and rice.
A: Anything else?
1 It's delicious.　　2 I like curry very much.
3 Coffee, please.

日本語訳 A：注文はお決まりですか。
B：はい，カレーライスをください。
A：ほかにはございますか。
▶ 1 とてもおいしいです。　2 カレーライスが欲しいです。
3 コーヒーをください。

---

(1) 1　*(2)* 2　*(3)* 3　*(4)* 3　*(5)* 2　*(6)* 1

(1) 放送文

A: How was the dish?
B: Great, Mrs. Baker.
A: Would you like some more?
1 No, thanks.　2 Yes, I'm full.　3 Coffee, please.

日本語訳 A：料理はどうでしたか。
B：すばらしかったです。ベーカーさん。
A：もっと欲しいですか。
▶ 1 いいえ，結構です。　2 はい，おなかいっぱいです。
3 コーヒーをください。

(2) 放送文

A: I think it's a perfect day for hiking.
B: Yes, I think so, too.
A: Shall we have a break?
1 I'm tired.　2 No, let's not.
3 Yes, I can walk.

日本語訳
A：ハイキングには完ぺきな日だと思うよ。
B：ええ，私もそう思うわ。
A：休憩しようか？
▶ 1 私は疲れたわ。　2 いいえ，結構よ。
3 ええ，私は歩けるわ。

---

(5) 放送文

A: I heard Mr. Sato will go to America.
B: Yes. He won't come back for two years.
A: What is he going to do there?
1 He'll come back to Japan.
2 He'll work as a teacher.
3 Yes, tomorrow morning.

日本語訳 A：佐藤さんがアメリカに行くって聞いたよ。
B：そうよ。彼は2年間戻って来ないでしょう。
A：彼はそこで何をする予定なの？
▶ 1 日本に帰ってくるでしょう。　2 教師として働くわ。
3 ええ，明日の朝ね。

(6) 放送文

A: Will you go to Michael's piano concert?
B: Yes. How about you?
A: Of course, yes. I think I'll give him some flowers.
1 That's a good idea.　2 Flowers are beautiful.
3 I want to listen to his performance.

日本語訳 A：マイケルのピアノコンサートには行くの？
B：うん。君は？
A：もちろん，行くわよ。彼に花をあげようと思うの。
▶ 1 いいアイデアだね。　2 花は美しいよね。
3 彼の演奏が聴きたいよ。

PART 32 リスニング第2部
会話の内容を聞き取る①
学習日
★暗記度
□ カンペキ！
□ もう一度
□ まだまだ…

続いて、第2部を練習していきましょう。第2部では、2人の会話と、その会話の内容についての質問が放送されます。質問に対する答えを、問題用紙に印刷されている4つの選択肢から選びます。

質問を予想しよう 放送を聞く前に、問題用紙に印刷されている選択肢を見て、質問を予想しましょう。

1	For one day.	2	For three days.
3	For four days.	4	For one week.

考えてみよう 選択肢を見て、質問されることを予想しましょう。

選択肢1の訳は「1日間」　　選択肢2の訳は「3日間」
選択肢3の訳は（ 4日間 ）　選択肢4の訳は（ 1週間 ）

⚠️注意！
選択肢はすべて「期間」なので、「数字」に注意して聞きます

音声を聞いて、問題を解いてみよう 解答（ 4 ）

TR 05

読まれた英文 もう一度音声を聞き、空欄をうめましょう。

A: How was your vacation?
B: Great. <u>I stayed in the U.K. for one week.</u> I visited four cities.
A: Which one did you like the (best)?
B: London. I stayed (there) for three days.
QUESTION: (How) long did the woman stay in the U.K.?

日本語訳
A：休みはどうだった？
B：すばらしかった。イギリスに1週間滞在したの。4つの都市を訪れたよ。
A：どこが一番気に入った？
B：ロンドン。そこには3日間滞在したの。
質問：女性はどのくらいの間イギリスに滞在しましたか。

86

▶ 1 彼女の友達が来ない。　　2 3時です。
3 彼女には友達がいません。　4 彼女は待ちたくありません。

(3) **放送文** A: Glen, your new bike looks nice.
B: Thank you, Tina. My father bought it for me.
A: Good. I want a new one like this. Did he buy it at the bike shop?
B: No, he bought it on the internet.
Question: What are they talking about?

日本語訳 A：グレン、あなたの新しい自転車はかっこいいわ。
B：ありがとう、ティナ。父が買ってくれたんだ。
A：いいわね。私もこれみたいな新しいのが欲しいわ。彼はこれを自転車店で買ったの？
B：ううん、彼はインターネットで買ったんだ。
質問：彼らは何について話していますか。

▶ 1 自転車店。　　2 新しい自転車。
3 インターネット。　4 初めて。

(4) **放送文** A: Can you play tennis with me tomorrow?
B: It'll be rainy tomorrow.
A: Well… how about Saturday?
B: Sorry, I have a piano lesson on Saturday.
Question: What is the girl going to do on Saturday?

日本語訳 A：明日、僕とテニスができるかい？
B：明日は雨よ。
A：じゃあ、土曜日はどう？
B：ごめん、土曜日はピアノのレッスンがあるのよ。

---

(1) 4　**(2)** 1　**(3)** 2　**(4)** 2　**(5)** 4　**(6)** 4

(1) **放送文** A: Bob, can you help me?
B: Sure, but what do you want help with?
A: I have to write about my dream for homework, but it's difficult for me.
B: Don't worry. I'll help you.
Question: What is the girl asking the boy for?

日本語訳 A：ボブ、手伝ってくれる？
B：いいけど、何を手伝って欲しいの？
A：宿題で自分の夢について書かなければならないんだけど、私には難しいわ。
B：心配ないよ。僕が手伝ってあげるよ。
質問：少女は少年に何を頼んでいますか。

▶ 1 彼女について心配する。　2 英語で話す。
3 夢について書く。　　　　　4 宿題を手伝う。

(2) **放送文** A: Who are you waiting for?
B: I'm waiting for my friend. I'll meet her here at three.
A: It's three o'clock now.
B: Yeah, I am waiting for her a little more.
Question: What is the problem for the girl?

日本語訳 A：だれを待っているんですか。
B：友達を待っています。彼女とここで3時に会うんです。
A：今は3時です。
B：ええ、もう少し彼女を待ちます。
質問：少女の問題は何ですか。

質問：少女は土曜日に何をする予定ですか。

▶ 1 テニスをする。　　2 ピアノのレッスンを受ける。
3 母親を手伝う。　　4 雨が降る。

(5) **放送文** A: When will you leave for Tokyo?
B: On March 12th.
A: How long will you stay there?
B: For five days. I'll be back on March 16th.
Question: When will the girl come back from Tokyo?

日本語訳 A：いつ東京へ出発するの？
B：3月12日よ。
A：どれくらい長くそこには滞在するんだい？
B：5日間よ。3月16日に戻ってくるわ。
質問：少女は東京からいつ戻ってきますか。

▶ 1 3月5日。　2 3月12日。　3 3月15日。　4 3月16日。

(6) **放送文** A: David, can you get some cakes?
B: Sure, Mom. How many cakes do you want?
A: Four. You can buy one more for you, if you want.
B: Great. I'll get five then.
Question: How many cakes will the boy buy?

日本語訳 A：デビッド、ケーキをいくつか買ってきてくれる？
B：いいよ、ママ。ケーキはいくつ欲しいの？
A：4つよ。欲しければ、もう1つ自分の分も買っていいわ。
B：やった。じゃあ、5つ買うね。
質問：少年はケーキをいくつ買いますか。

▶ 1 2個。　2 3個。　3 4個。　4 5個。

PART
33
リスニング第2部
会話の内容を聞き取る②

学習日
／
★理解度
□カンペキ！
□もう一度
□まだまだ…

第2部では、2人の会話と、その会話の内容についての質問が放送されます。質問に対する答えを、問題用紙に印刷されている4つの選択肢から選びます。

質問を予想しよう 放送を聞く前に，問題用紙に印刷されている選択肢を見て，質問を予想しましょう。

| 1 | He watched TV. | 2 | He played soccer. |
| 3 | He did his homework. | 4 | He saw a movie. |

💡**考えてみよう** 選択肢を見て，質問されることを予想しましょう。

選択肢1の訳は「彼はテレビを見た」
選択肢2の訳は「彼はサッカーをした」
選択肢3の訳は「彼は（ 宿題 ）をした」
選択肢4の訳は「彼は（ 映画 ）を見た」

⚠️**注意！** 選択肢はすべてHeのことなので、「彼」の発言に注意して聞きます

音声を聞いて，問題を解いてみよう 【解答（ 3 ）】

読まれた英文 もう一度音声を聞き，空欄をうめましょう。

A: Did you watch a soccer game on TV (last) night?
B: No. I had to do my Japanese homework.
A: Oh, did you (finish) it?
B: Yes, I wrote about my favorite (movie).
QUESTION: (What) did the boy do last night?

日本語訳
A：昨夜，テレビでサッカーの試合を見た？
B：うぅん，日本語の宿題をしないといけなかったんだ。
A：おや，宿題は終わった？
B：うん，大好きな映画について書いたよ。
質問：男の子は昨夜何をしましたか。

練習問題

(1) 1　(2) 3　(3) 4　(4) 3　(5) 2　(6) 3

(1) **放送文** A: We'll have a new teacher. Her name is Ms. Green.
B: Really? Where is she from?
A: Canada. I hear she plays the guitar well.
B: That's nice.
Question: What are they talking about?
日本語訳 A：新しい先生が来るみたいよ。名前はグリーン先生。
B：本当に？　彼女はどこの出身なんだい？
A：カナダよ。彼女はギターが上手だと聞いたわ。
B：すてきだね。
質問：彼らは何について話していますか。
▶ **1** 新しい教師。　**2** 好きな色。　**3** カナダ旅行。　**4** ギター部。

(2) **放送文** A: Will tomorrow's movie start at six thirty?
B: No. It'll start at seven.
A: Shall we have dinner before that?
B: Yes. Let's meet at the station at six.
Question: What time will the movie start?
日本語訳 A：明日の映画は6時30分に始まるんだっけ？
B：いいえ，7時に始まるわ。
A：その前に夕食を食べようか。
B：ええ。6時に駅で会いましょう。
質問：映画は何時に開始しますか。
▶ **1** 6時。　**2** 6時30分。　**3** 7時。　**4** 7時30分。

---

(3) **放送文** A: Mom, I'll come home late today.
B: Why?
A: We'll have band practice until 6:00.
B: I see. I'll pick you up, then.
Question: Why will the boy come home late?
日本語訳 A：ママ，今日帰るのが遅くなるよ。
B：なぜ？
A：6時までバンドの練習があるんだ。
B：わかったわ。じゃあ，迎えに行くわ。
質問：なぜ少年は遅く帰宅するのですか。
▶ **1** 放課後勉強するため。　**2** 映画を見るため。
3 合唱の練習のため。　**4** バンドの練習があるため。

(4) **放送文** A: Today's math class was very difficult.
B: Yes. I couldn't understand almost anything.
A: I think my brother will teach us math. Do you want to come to my house tomorrow?
B: Yes, of course.
Question: What are the students going to do tomorrow?
日本語訳 A：今日の数学の授業はとても難しかったわ。
B：ああ。僕もほとんど何も理解できなかったよ。
A：私の兄が数学を教えてくれると思うわ。明日私の家に来ない？
A：ああ，もちろんだよ。
質問：生徒たちは明日何をするつもりですか。
▶ **1** 図書館に行く。　**2** テレビゲームをする。
3 数学を勉強する。　**4** 生徒の兄に教える。

(5) **放送文** A: Is the textbook on the desk yours?
B: No, it's Mary's.
A: Where is your textbook?
B: It is in my bag.
Question: Where is the girl's textbook?
日本語訳 A：机の上の教科書は君のかい？
B：いいえ，メアリーのよ。
A：君の教科書はどこにあるんだい？
B：私のかばんの中よ。
質問：少女の教科書はどこですか。
▶ **1** 箱の中。　**2** かばんの中。
3 ノートの下。　**4** かばんのそば。

(6) **放送文** A: You went to Australia this winter vacation, right?
B: Yes, I saw koalas. They were very pretty.
A: Good. How was Australian food?
B: Yeah... it was not so good for me.
Question: What did the boy enjoy in Australia?
日本語訳 A：この冬休みにオーストラリアに行ったのよね？
B：ああ，コアラを見たよ。とてもかわいかったよ。
A：よかったわ。オーストラリアの食べ物はどうだった？
B：ああ…僕にはあまりおいしくなかったかな。
質問：少年はオーストラリアで何を楽しみましたか。
▶ **1** オーストラリアの食べ物を食べる。
2 海で泳ぐ。　**3** コアラを見る。　**4** 観光をする。

PART
34
リスニング第3部
英文の内容を聞き取る①

学習日

★理解度
□カンペキ！
□もう一度
□まだまだ…

リスニング第3部は、短い英文が放送されます。その後、英文の内容に
聞する質問が放送されるので、その答えを問題用紙に印刷されている
選択肢の中から選びます。

質問を予想しよう 放送を聞く前に、問題用紙に印刷されてい
る選択肢を見て、質問を予想しましょう。

| 1 On Tuesday. | 2 On Thursday. |
| 3 On Friday. | 4 On Sunday. |

考えてみよう 選択肢を見て、質問されることを予想しましょう。

選択肢1の訳は「火曜日に」　選択肢2の訳は「木曜日に」
選択肢3の訳は（金曜日に）　選択肢4の訳は（日曜日に）

注意！
選択肢はすべて
「曜日」なので、「時」
を質問されると予想
できます

音声を聞いて、問題を解いてみよう 解答（　3　）
TR 09

読まれた英文 もう一度音声を聞き、空欄をうめましょう。

On Tuesday, Jane went (**shopping**) and bought Mike's
birthday present. His (**birthday**) is on Friday, and Jane
and her friends will have a birthday party for him on Sunday.

QUESTION: (　**When**　) is Mike's birthday?

日本語訳
火曜日、ジェーンは買い物に行って、マイクの誕生日プレゼントを買いました。彼
の誕生日は金曜日で、ジェーンと友達は彼のために誕生日パーティーを日曜日
に開きます。

質問：マイクの誕生日はいつですか。

90

---

(3) **放送文** I go to college from Monday to Friday. I
work at the bag shop on Saturday and Sunday. I
take a tennis lesson on Wednesday evening.

Question: How often does the woman work?

日本語訳 私は月曜日から金曜日は大学へ通っています。土
曜日と日曜日はかばん屋で働いています。水曜日の夕方はテ
ニスのレッスンを受けます。

質問：女性はどのくらいの頻度で働いていますか。

▶ **1** 1週間に1度。　**2** 1週間に2度。
3 1週間に3度。　**4** 1週間に4度。

(4) **放送文** Jane will have her birthday party next
Sunday. I bought a present for her this Tuesday, and
I gave it to her this Wednesday because I can't go to
her party.

Question: Why did the boy give a present to Jane
on Wednesday?

日本語訳 　ジェーンは次の日曜日に自分の誕生日パーティー
を開く予定です。僕は彼女のパーティーには行けないので、火
曜日に彼女へのプレゼントを買い、水曜日にそれを彼女に渡
しました。

質問：少年はなぜ水曜日に彼女にプレゼントをあげたのです
か。

▶ **1** 彼女のパーティーに行けないから。
2 火曜日にプレゼントを買ったから。

---

(1) 4　(2) 1　(3) 2　(4) 1　(5) 3　(6) 2

(1) **放送文** Hello, everyone. We have a special
sale today. If you buy two CDs, you can get
another one free. Please enjoy shopping.

Question: Where is the man talking?

日本語訳 皆さま、こんにちは。本日は特別セールを行って
おります。お客様が2枚CDをお買い上げくだされば、もう1
枚差し上げます。どうぞお買い物をお楽しみください。

質問：男性はどこで話していますか。

▶ **1** 学校で。　**2** レストランで。
3 図書館で。　**4** CD店で。

(2) **放送文** I usually go to school by bike. On a
rainy day, I walk to school. Tomorrow I have to go
there early, so my father will take me there by car.

Question: How does the boy go to school on a
rainy day?

日本語訳 私はたいてい学校へ自転車で行きます。雨の日は
歩いて行きます。明日はそこへ早く行かなければならないので
父が車で連れて行ってくれる予定です。

質問：少年は雨の日はどうやって学校に行きますか。

▶ **1** 徒歩で。　**2** 車で。
3 自転車で。　**4** バスで。

---

3 それを早くあげたかったから。
4 彼女が好きだから。

(5) **放送文** Last week a new restaurant opened
near my house. All of its dishes look delicious. I'll go
there next week.

Question: When will the woman go to the new
restaurant?

日本語訳 先週、私の家の近くに新しいレストランがオープン
しました。すべての料理がとてもおいしそうに見えます。私は
来週そこへ行く予定です。

質問：女性は新しいレストランにいつ行くつもりですか。

▶ **1** 先週。　**2** 先週末。　**3** 来週。　**4** 来週末。

(6) **放送文** I have two dogs, Max and Alex. We
run in the park by my house every morning. In
summer, Max and Alex enjoy swimming in the sea.

Question: What is the boy talking about?

日本語訳 僕はマックスとアレックスという2匹の犬を飼ってい
ます。僕たちは家の近くの公園で毎朝走ります。夏には、マッ
クスとアレックスは海で水泳を楽しみます。

質問：少年は何について話していますか。

1 彼の同級生。　　　　　**2** 彼のペット。
3 彼のお気に入りの場所。　**4** 彼のスイミングクラブ。

PART
35
リスニング第3部
英文の内容を聞き取る②
学習日
／
★理解度
□カンペキ！
□もう一度
□まだまだ…

リスニング第3部は、短い英文が放送されます。その後、英文の内容に関する質問が放送されるので、その答えを問題用紙に印刷されている選択肢の中から選びます。

質問を予想しよう

放送を聞く前に、問題用紙に印刷されている選択肢を見て、質問を予想しましょう。

1　His favorite story.　　2　His future dream.
3　Today's homework.　　4　A new English teacher.

考えてみよう　選択肢を見て、質問されることを予想しましょう。

選択肢1の訳は「彼の大好きな物語」
選択肢2の訳は「彼の将来の夢」
選択肢3の訳は「今日の（　宿題　）」
選択肢4の訳は「新しい英語の（　先生　）」

音声を聞いて、問題を解いてみよう　解答（　3　）

読まれた英文　もう一度音声を聞き、空欄をうめましょう。

In today's class, we read the (　story　) about dreams. At home, write about your dream in your (　notebook　) and give it to me in the next English class.

QUESTION: (　What　) is the man talking about?

覚えよう
「何について話していますか」という質問はよく出ます

日本語訳
今日の授業では、夢についての物語を読みました。家で、あなたの夢についてノートに書いて、次の英語の授業で私に渡しなさい。

質問：男性は何について話していますか。

---

(1) 2　*(2)* 3　*(3)* 3　*(4)* 3　*(5)* 1　*(6)* 4

(1) 放送文　I went shopping yesterday with Lucy. I wanted to buy a bag, but I couldn't find a good one. Lucy bought a T-shirt and a cap.
Question: What did the boy want to buy?
日本語訳　僕は昨日、ルーシーと買い物に行きました。僕はかばんを買いたかったけど、いいものが見つけられませんでした。ルーシーはTシャツと帽子を買いました。
質問：少年は何を買いたかったのですか。
▶ 1　本。　　2　かばん。
3　Tシャツ。　4　帽子。

(2) 放送文　My little brother loves toy cars. His favorite is a fire truck. He doesn't have a police car, so I'll give him it for his birthday present.
Question: What is his favorite car?
日本語訳　私の幼い弟はおもちゃの車が大好きです。彼のお気に入りは消防車です。彼はパトカーを持っていないので、誕生日プレゼントにそれをあげるつもりです。
質問：彼のお気に入りの車は何ですか。
▶ 1　バス。　　2　パトカー。
3　消防車。　4　トラック。

---

(3) 放送文　My brother is taller than I. I am taller than my mother. My father is the tallest of the four of us.
Question: Who is the shortest in the girl's family?
日本語訳　私の兄は私よりも背が高いです。私は母よりも背が高いです。父は私たち4人の中で一番背が高いです。
質問：少女の家族で最も背が低いのはだれですか。
▶ 1　彼女の兄。　2　少女。
3　彼女の母。　4　彼女の父。

(4) 放送文　I'll visit my uncle in Canada next week. He works in a museum there. It's very cold there, so I'll go shopping tomorrow and get some warm clothes.
Question: What will the girl do tomorrow?
日本語訳　私は来週カナダのおじを訪ねる予定です。彼はそこの博物館で働いています。そこはとても寒いので、明日私は買い物へ行って、いくつか暖かい洋服を買うつもりです。
質問：少女は明日何をするつもりですか。
▶ 1　おじを訪ねる。　2　博物館に行く。
3　洋服を買う。　4　カナダについて勉強する。

(5) 放送文　Samson likes doing sports. He is on the basketball team at school, and takes lessons in Judo from his father. In winter he skis and snowboards.
Question: What is Samson's club?
日本語訳　サムソンはスポーツをするのが好きです。彼は学校でバスケットボール部に所属していて、父からは柔道の稽古を受けています。冬にはスキーとスノーボードをします。
質問：サムソンのクラブは何ですか。
▶ 1　バスケットボール。　2　柔道。
3　スキー。　　　　　4　スノーボード。

(6) 放送文　Welcome to Town Festival. There are some events on the stage. From ten, there will be a dance show. From three p.m., there will be a karaoke contest.
Question: What time will the karaoke contest start?
日本語訳　タウンフェスティバルへようこそ。ステージではいくつかのイベントがあります。10時からはダンスショーが行われます。午後3時からはカラオケコンテストが行われます。
質問：カラオケコンテストは何時に始まりますか。
▶ 1　10時。　2　11時。
3　13時。　4　15時。

注意事項

①解答にはHBの黒鉛筆（シャープペンシルも可）を使用し，解答を訂正する場合には消しゴムで完全に消してください。

②解答用紙は絶対に汚したり折り曲げたり，所定以外のところへの記入はしないでください。

③マーク例

良い例	悪い例
●	⊙ ⊗ ◓

 これ以下の濃さのマークは読めません。

解答欄

問題番号	1	2	3	4
(1)	①	**②**	③	④
(2)	①	②	**③**	④
(3)	①	②	③	**④**
(4)	①	**②**	③	④
(5)	①	②	**③**	④
(6)	**①**	②	③	④
(7)	①	②	**③**	④
(8)	**①**	②	③	④
(9)	①	**②**	③	④
(10)	①	②	**③**	④
(11)	①	**②**	③	④
(12)	①	**②**	③	④
(13)	**①**	②	③	④
(14)	①	**②**	③	④
(15)	①	②	③	**④**

（大問 1）

解答欄

問題番号	1	2	3	4
(16)	**①**	②	③	④
(17)	①	②	**③**	④
(18)	**①**	②	③	④
(19)	①	②	**③**	④
(20)	**①**	②	③	④
(21)	①	②	**③**	④
(22)	**①**	②	③	④
(23)	①	**②**	③	④
(24)	**①**	②	③	④
(25)	**①**	②	③	④
(26)	**①**	②	③	④
(27)	①	②	**③**	④
(28)	①	**②**	③	④
(29)	①	**②**	③	④
(30)	**①**	②	③	④
(31)	**①**	②	③	④
(32)	①	**②**	③	④
(33)	①	②	③	**④**
(34)	①	**②**	③	④
(35)	①	②	③	**④**

（大問 2・3・4）

リスニング解答欄

問題番号	1	2	3	4
No.1	①	**②**	③	
No.2	①	②	**③**	
No.3	①	②	**③**	
No.4	**①**	②	③	
No.5	①	②	**③**	
No.6	①	**②**	③	
No.7	①	②	**③**	
No.8	**①**	②	③	
No.9	①	②	**③**	
No.10	**①**	②	③	

（第1部）

リスニング解答欄

問題番号	1	2	3	4
No.11	①	②	**③**	④
No.12	**①**	②	③	④
No.13	①	**②**	③	④
No.14	①	②	**③**	④
No.15	①	②	**③**	④
No.16	①	②	③	**④**
No.17	①	②	**③**	④
No.18	①	②	③	**④**
No.19	①	**②**	③	④
No.20	**①**	②	③	④

（第2部）

リスニング解答欄

問題番号	1	2	3	4
No.21	①	②	**③**	④
No.22	①	②	**③**	④
No.23	①	**②**	③	④
No.24	①	②	③	**④**
No.25	①	②	③	**④**
No.26	**①**	②	③	④
No.27	**①**	②	③	④
No.28	①	②	**③**	④
No.29	①	**②**	③	④
No.30	①	**②**	③	④

（第3部）

1

(1) 2	*(2)* 3	*(3)* 4	*(4)* 2	*(5)* 3
(6) 1	*(7)* 3	*(8)* 1	*(9)* 3	*(10)* 4
(11) 2	*(12)* 2	*(13)* 1	*(14)* 2	*(15)* 4

(1) 正解 2
昨夜，ジェニーは午後10時に夕食を食べ，11時30分に寝ました。
▶ 1 水　　　2 夕食　　　3 昼食　　　4 朝食

(2) 正解 3
ヨウスケはスポーツをすることが好きです。彼は高校でサッカー部に入る予定です。
▶ 1 ～に乗る　　　2 踊る
　 3 ～に加わる　　　4 ～を閉める

(3) 正解 4
A：昨日のシドニーの天気はどうでしたか？
B：暑くて，晴れていました。
▶ 1 食べ物　　2 店　　3 馬　　4 天気

(4) 正解 2
A：おなかがすいている，ジル？
B：ええ，とても。あのカフェテリアへ行きましょうよ。
▶ 1 かわいい　　　2 空腹な
　 3 幸運な　　　4 簡単な

(5) 正解 3
A：あの女性はだれですか？
B：あれはウィリアムズさんです。彼女はボブのおばさんです。
▶ 1 おじ　　2 息子　　3 おば　　4 兄［弟］

(6) 正解 1
A：冬休みの予定は何かある？
B：スキーに行くよ。
▶ 1 休暇　　2 雲　　3 農場　　4 観客

(7) 正解 3
マシューはラジオで音楽を聞くのが好きです。
▶ 1 辞書　　2 新聞　　3 ラジオ　　4 図書館

(8) 正解 1
A：何時に駅に着く予定なの，お父さん？
B：6時に。だから6時30分までには帰宅するよ。
▶ 1 到着する　　　2 遊ぶ
　 3 言う　　　4 ～を持ってくる

(9) 正解 3
あの新しいレストランで食べる予定なので，私たちは今日は夕食を作る必要はありません。
▶ 1 ～を取る　　　2 飛ぶ
　 3 ～しなければならない　　4 ～を作る
解説 have to ～は「～しなければならない」と義務を表し，not have to ～と否定の形にすると「～する必要がない」の意味になります。

(10) 正解 4
A：あの若い女性はだれですか？
B：彼女はカナダの女優です。彼女は世界中で有名です。
▶ 1 ～から離れて　　　2 ～のあとで
　 3 ～のそばに　　　4 ～の一面に
解説 all over the world「世界中で」

(11) 正解 2
A：ご家族によろしくと伝えてね，スティーブ。
B：はい。伝えます。
解説 say hello to ～で「～によろしくと伝える」の意味。

(12) 正解 2
A：トム，この歌手のことをどう思う？
B：彼女の声はとてもきれいだね。
▶ 1 尋ねる　　　2 ～と思う
　 3 とどまる　　　4 ～を終える

(13) 正解 1
ケイシーの姉［妹］たちは明日，スキーに行く予定です。しかし，ケイシーは忙しいので行きません。
解説 tomorrow「明日」があるので，未来を表す助動詞を選びます。will の否定 will not の短縮形は won't。

(14) 正解 2
A：彼らはアメリカ出身ですか？
B：ええ，でも彼らはとても上手に日本語を話しますよ。
解説 主語は複数。文中に一般動詞がないのでbe動詞を選びます。

(15) 正解 4
A：マリア，夕食に誘ってくれてありがとう。
B：どういたしまして。
解説 （　　）の前に前置詞 for があることに注目。前置詞に続くのは名詞または動名詞です。

2

| (16) 1 | (17) 4 | (18) 2 | (19) 3 | (20) 1 |

(16) 正解 **1**

娘：お母さん，友達と公園へ行ってもいい？
母親：いいわよ，ケイト。楽しんでらっしゃい。
▶ **2** それは私のものではないわ，
　3 雨が降っているわよ，
　4 いいえ，だめよ，

(17) 正解 **4**

生徒：ハミルトン先生，レポートについて質問があります。今，お話しできますか。
教師：もちろんだよ。何を知りたいんだい？
▶ **1** いつお時間がありますか。
　2 いつ来日されましたか。
　3 ご趣味は何ですか。

(18) 正解 **2**

男の子：昨日，ハイキングに行ったんだよね？　どうだった？
女の子：一日中くもっていたの，でも楽しかったわ。
▶ **1** いつ戻ってきたの？
　3 どこへ行ったの？
　4 何を食べたの？

(19) 正解 **3**

男性：すみません。駅へ行くにはこの道でいいですか。
女性：どの駅ですか。この辺りには駅が3つあります。
▶ **1** 今，ご気分はいかがですか。
　2 ちょうどあの角の辺りです。
　4 私はその駅へ行きました。

(20) 正解 **1**

女性：このシャツが気に入っていますが，少し大きいです。もっと小さいのがありますか。
店員：あると思います。少々お待ちください。
▶ **2** 昨日，最後の1枚が売れてしまいました。
　3 もっと大きいのをご購入いただけますよ。
　4 また今度にします。

3

| (21) 3 | (22) 1 | (23) 2 | (24) 4 | (25) 4 |

(21) 正解 **3**

解説　Jessica talked <u>about</u> her <u>new life</u> in Japan.
「～について話す」は talk about ～。

(22) 正解 **1**

解説　How <u>many</u> magazines <u>are</u> there on the table?
「～がいくつ」と数を尋ねるときは〈How many＋名詞の複数形～?〉を用います。「～がある」は There are[is] ～. で表します。

(23) 正解 **2**

解説　Kyoto is <u>famous</u> for <u>its</u> old temples.
「～で有名である」は be famous for ～。同じ語のくり返しを避けるために代名詞its を用いて，「それの（京都の）古い寺」とします。

(24) 正解 **4**

解説　Japanese history is <u>not</u> so <u>easy</u> for Robert.
not so ～で「それほど～でない」を表します。

(25) 正解 **4**

解説　Kenji's <u>high school</u> doesn't <u>have</u> a dance club.
have には「～を持っている」のほかにも，「～がある，～がいる」や「～を食べる」などの意味もあります。

4[A]

(26) 1　(27) 3

日本料理が作れます!

この夏, 日本料理を身につけましょう!　今年7月, エイミー料理教室では特別クラスがあります。

日時：7月1日および7月8日　午前10時〜正午
　　　7月22日　午前11時〜午後1時
料金：1クラス20ドル（全3クラスにご参加の場合は, 10パーセントの割引が受けられます!）
場所：エイミー料理教室
講師：ミホ・モリソン

クラスへのご参加は, 今すぐ123-4568までお電話を!

---

(26) 　正解　**1**

7月8日にはクラスは何時に始まりますか。

▶ **1** 10時に。　　　　　**2** 11時に。
　 3 12時に。　　　　　**4** 1時に。

(27) 　正解　**3**

3クラス全部に参加するには, あなたは〜払います。

▶ **1** 20ドル　　　　　**2** 40ドル
　 3 54ドル　　　　　**4** 60ドル

4[B]

(28) 3　(29) 2　(30) 2

送信者：ジョー・ターナー
受信者：マチダ・ユナ
日付：7月24日
件名：今度の土曜日

こんにちは, ユナ!
元気?　元気だといいんだけど。今度の土曜日, 兄のケビンと母と一緒に魚つりに行く予定です。君も一緒に行かない?　母とケビンが運転します。僕たちは10時ごろに君の家に迎えに行くことができるよ。5時前には町に戻るつもりです。どう思う?　君が来てくれるといいな。
早めに返信してね。
ジョー

送信者：マチダ・ユナ
受信者：ジョー・ターナー
日付：7月24日
件名：ごめんなさい

こんにちは, ジョー!
魚つりのお出かけに誘ってくれてありがとう。とても行きたいのだけれど, 行けないの。私のバスケットボールチームは日曜日に大事な試合があるので, 土曜日にその練習をする予定なの。楽しい時間を過ごしてね。ご家族によろしくとお伝えください!
またね。
ユナ

---

(28) 　正解　**3**

今度の土曜日, ジョーは何をしますか。

▶ **1** バスケットボールを練習する。
　 2 海へドライブする。
　 3 魚つりに行く。
　 4 ユナを車で迎えに行く。

(29) 　正解　**2**

ジョーはいつ町に戻りますか。

▶ **1** 土曜日の朝。　　　　**2** 土曜日の午後。
　 3 日曜日の朝。　　　　**4** 日曜日の午後。

(30) 　正解　**2**

ユナは〜ので, ジョーと一緒に行くことができません。

▶ **1** 具合が悪い
　 2 バスケットボールの練習をする
　 3 ケビンのことを知らない
　 4 車を運転できない

4[C]

エリナの大好きな教科

　エリナは静岡の中学生です。2年前，彼女は両親と兄［弟］と一緒に小田原城を訪れ，その歴史を学びました。彼女にとって，それはとても興味深いものでした。日本史は彼女の大好きな教科になりました。毎週，彼女は日本史に関する本を1冊読みます。

　昨日，エリナと彼女の父親は市の歴史博物館へ行きました。彼女の父親は500円を支払いましたが，エリナは支払う必要はありませんでした。小学生か中学生で，市内在住であれば無料なのです。彼女は博物館がとても大きかったので驚きました。彼女は約4時間そこにいましたが，全てを見ることはできませんでした。エリナの父親は，彼女に日本の城に関する本を買うために700円を支払いました。

　次の夏休みの間に，エリナはもっとたくさんの城を訪れたいと思っています。彼女は友達と一緒に静岡の駿府城を訪れる予定です。さらに，愛知にある岡崎城へ連れて行ってくれるように両親に頼みました。彼女の母親は「いいわよ，エリナ！」と言ってくれました。

---

(31) 正解 **2**

エリナは日本史に関する本を何冊読みますか。

▶ **1** 毎日1冊。　　　　**2** 毎週1冊。
　 3 毎月1冊。　　　　**4** 毎年1冊。

(32) 正解 **1**

歴史博物館で，エリナは〜を支払いました。

▶ **1** 0円（全くない）　　**2** 500円
　 3 700円　　　　　　**4** 1,200円

(33) 正解 **3**

なぜエリナは驚きましたか。

▶ **1** 父親が彼女に本を買ってくれたから。
　 2 自分がたくさんの本を読んだから。
　 3 博物館が大きかったから。
　 4 博物館が無料だったから。

(34) 正解 **2**

エリナが最初に訪れたのはどれですか。

▶ **1** 静岡城。　　　　　**2** 小田原城。
　 3 駿府城。　　　　　**4** 岡崎城。

(35) 正解 **4**

エリナに「いいよ」と言ったのはだれですか。

▶ **1** エリナの友達。　　**2** エリナの兄［弟］。
　 3 エリナの父親。　　**4** エリナの母親。

第1部

No. 1 2	*No. 2* 3	*No. 3* 3	*No. 4* 1
No. 5 3	*No. 6* 2	*No. 7* 1	*No. 8* 1
No. 9 1	*No. 10* 3		

No. 1 正解 2

A: Mom, can I have something to eat?

B: No, dinner will be ready soon, David.

A: But I'm really hungry.

▶ *1* Yes, I ate breakfast.

  2 OK, have an apple, then.

  3 I'm watching TV now.

訳 A：お母さん，何か食べてもいい？

　　B：だめよ，そろそろ夕食の準備ができるわ，デイビッド。

　　A：でも，すごくおなかがすいちゃったんだよ。

▶ *1* ええ，私は朝食を食べたわ。

　2 わかったわ，じゃあリンゴを食べて。

　3 今，テレビを見ているところよ。

No. 2 正解 3

A: Do you play the violin?

B: Yes. I have a lesson once a week.

A: How often do you practice?

▶ *1* OK. Wait a minute.

  2 Since I was five.

  3 Every day.

訳 A：あなたはバイオリンを弾くの？

　　B：うん。1週間に一度レッスンがあるんだ。

　　A：どのくらいの頻度で練習するの？

▶ *1* いいよ。ちょっと待ってて。

　2 5歳のときからずっとだよ。

　3 毎日だよ。

No. 3 正解 3

A: Are you busy, Sally?

B: Yes. I have to finish this report.

A: How long will it take?

▶ *1* I'm not busy now.

  2 Two days ago.

  3 About an hour.

訳 A：忙しい，サリー？

　　B：ええ。このレポートを終わらせなくちゃならないの。

　　A：どのくらいかかる？

▶ *1* 今は忙しくないわよ。

　2 2日前にね。

　3 1時間ぐらいね。

No. 4 正解 1

A: We have a lot of homework.

B: Oh, I can't do it today.

A: Why is that?

▶ *1* I'm too tired.

  2 You're good at math.

  3 I'm not busy today.

訳 A：僕たち，宿題がたくさんあるね。

　　B：ああ，今日はそれをできないわ。

　　A：それはどうして？

▶ *1* 疲れすぎちゃってるの。

　2 あなたは数学が得意よね。

　3 今日は忙しくないわ。

No. 5 正解 3

A: Mom, this is Mathew.

B: Hi, Mathew. Where are you?

A: I'm at Mark's house.

▶ *1* I like singing.

  2 Your dad is a painter.

  3 Come home by six.

訳 A：お母さん，マシューだよ。

　　B：あら，マシュー。どこにいるの？

　　A：マークの家にいるよ。

▶ *1* 私は歌うことが好きだわ。

　2 あなたのお父さんは画家よ。

　3 6時までに帰ってきてね。

No. 6 正解 2

A: May I help you, sir?

B: Yes. I'm looking for a T-shirt.

A: What size?

▶ *1* I'd like a green one.

  2 Large.

  3 Twenty dollars.

訳 A：お手伝いいたしましょうか，お客さま。

　　B：ええ。Tシャツを探しているんです。

　　A：サイズは何でしょうか？

▶ *1* 緑色のものが欲しいです。

　2 Lサイズです。　　*3* 20ドルです。

No. 7 正解 1

A: What are you reading?

B: A science fiction book.

A: Is it interesting?

▶ *1* Yes, very.

  2 Since yesterday.

  3 It's in my bag.

訳 A：何を読んでいるの？

　　B：SF小説だよ。

A：おもしろい？
▶ **1** うん，すごくね。　　　**2** 昨日からずっとだよ。
3 それは僕のかばんの中にあるよ。

No. 8 　正解　**1**

A: Where did you go on vacation?

B: I went to Hokkaido.

A: Did you eat seafood?

▶ **1** Yes, it was really good.

2 I have a meeting this afternoon.

3 Yes, I went skiing.

訳 A：休暇中，どこへ行ったの？
B：北海道に行ったわ。
A：シーフード食べた？
▶ **1** ええ，すごくおいしかったわ。
2 今日の午後に会議があるの。
3 ええ，スキーに行ったわ。

No. 9 　正解　**1**

A: Are you going to the park, Beth?

B: Yes, Dad.

A: When will you come back?

▶ **1** Around six.

2 I'm going there.

3 I'll practice tennis.

訳 A：公園へ行くのかい，ベス？
B：そうよ，お父さん。
A：いつ頃帰ってくる？
▶ **1** 6時ごろに。　　　　**2** そこに行くね。
3 テニスの練習をするの。

No. 10 　正解　**3**

A: I'm hungry.

B: Me too. Where shall we go?

A: Do you like Molly's Café?

▶ **1** Yeah. I'm not hungry now.

2 Yeah. You're a good cook.

3 Yeah. Let's go there.

訳 A：おなかがすいたわ。
B：僕もだよ。どこに行こうか？
A：モリーズ・カフェは好き？
▶ **1** うん。今，おなかはすいていないよ。
2 うん。君は料理が上手だね。
3 うん。そこへ行こう。

No. 11 **3**	*No. 12* **1**	*No. 13* **2**	*No. 14* **3**
No. 15 **3**	*No. 16* **4**	*No. 17* **2**	*No. 18* **4**
No. 19 **3**	*No. 20* **1**		

No. 11 　正解　**3**

A: What did you eat for breakfast, Tanya?

B: I had nothing. I didn't have time.

A: Hey, you have to have breakfast every day.

B: My parents always say so.

Question: Why didn't Tanya have breakfast?

訳 A：朝食に何を食べた，ターニャ？
B：何も食べてないわ。時間がなかったの。
A：ねえ，朝食は毎日とらなくちゃだめだよ。
B：両親がいつもそう言うわ。
質問：ターニャはなぜ朝食を食べなかったのですか。
▶ **1** 空腹ではなかった。　　**2** 具合が悪かった。
3 時間がなかった。　　**4** 食べ物がなかった。

No. 12 　正解　**1**

A: I saw a good TV program last night.

B: Did you? What was it about?

A: Dolphins and other sea animals.

B: That sounds very interesting.

Question: What are they talking about?

訳 A：昨夜，いいテレビ番組を見たわ。
B：そうなの？　どんな内容？
A：イルカとほかの海の動物たちよ。
B：とてもおもしろうそうだね。
質問：彼らは何について話していますか。
▶ **1** テレビ番組。　　**2** 山に生息する動物。
3 好きなシーフード。　　**4** 宿題。

No. 13 　正解　**2**

A: May I help you?

B: I'd like a hot coffee, please.

A: Would you like cream and sugar?

B: No, thank you.

Question: What is the woman doing?

訳 A：いらっしゃいませ。
B：ホットコーヒーをください。
A：クリームとお砂糖はいかがなさいますか。
B：結構です。
質問：女性は何をしていますか。
▶ **1** カップを探している。
2 飲み物を求めている。
3 昼食を作っている。
4 贈り物を買っている。